Este diário pertence a

Rocco

*Copyright* © 2020 *by* Carol Costa

Ilustrações de miolo: Brunna Mancuso

Direitos desta edição reservados à
EDITORA ROCCO LTDA.
Rua Evaristo da Veiga, 65 – 11º andar
Passeio Corporate – Torre 1
20031-040 – Rio de Janeiro – RJ
Tel.: (21) 3525-2000 – Fax: (21) 3525-2001
rocco@rocco.com.br/www.rocco.com.br

*Printed in Brazil*/Impresso no Brasil

Coordenação editorial
BRUNO FIUZA

CIP-Brasil. Catalogação na publicação.
Sindicato Nacional dos Editores de Livros, RJ.

| | |
|---|---|
| C871t | Costa, Carol |
| | 365 dias para plantar: um diário com dicas de Carol Costa para despertar a jardinagem em você por 5 anos / Carol Costa. – 1ª ed. – Rio de Janeiro: Rocco, 2020. |
| | il. |
| | ISBN 978-65-5532-049-7 |
| | 1. Jardinagem. 2. Plantas - Cultivo. 3. Diários. I. Título. |
| 20-66840 | CDD-635.9 |
| | CDU-635.9 |

Camila Donis Hartmann – Bibliotecária – CRB-7/6472

Impressão e Acabamento: Geográfica.

## janeiro

**1**

**"No jardim dos meus sonhos tem..."** (preencha com sua flor, árvore, folhagem, hortaliça ou suculenta preferida).

Imitar o habitat natural da planta desejada é a melhor forma de fazê-la crescer na sua casa. Descubra de onde a espécie é originária e simule as mesmas condições de luz, solo e clima.

20___. _____

20___. _____

20___. _____

20___. _____

20___. _____

# 2 janeiro

### O que falta para você começar a plantar?

Rolhas de vinho substituem as pedras usadas no fundo dos vasos. Jornal ou TNT viram manta de drenagem. Vidros, latas e garrafas PET rendem berçários para mudas.

20___.

20___.

20___.

20___.

20___.

# janeiro 3

### Tire foto de uma planta de flores brancas e tente descobrir o nome.

Flores brancas e perfumadas atraem morcegos e mariposas: eles enxergam mal, mas têm bom olfato. Essa é a estratégia de várias espécies de plantas conhecidas por dama-da-noite.

20___.

20___.

20___.

20___.

20___.

# 4 janeiro

### Segure uma semente nas mãos, pense em algo feliz e plante-a. O que semeou?

Encha de terra uma bandeja plástica de ovos, acomode três sementes por nicho, polvilhe terra e borrife água. Deixe tampada, perto de uma janela, até surgirem as primeiras folhas.

20___.

20___.

20___.

20___.

20___.

## *janeiro* 5

**Que fruta, verdura ou legume você detestava quando criança e passou a amar?**

Convide os pequenos para começar uma horta a partir das sementes da sua despensa, como feijão, lentilha ou milho (sim, milho de pipoca brota se plantado e mantido úmido e ao sol!).

20___. _____

20___. _____

20___. _____

20___. _____

20___. _____

# 6 janeiro

**É hoje, no Dia de Reis, que se deve desmontar a árvore de Natal.**

Se tem uma tuia ou pinheiro natural, passe a planta para um vaso maior e deixe onde tome o máximo possível de sol. Misture húmus de minhoca na terra e regue em abundância.

20___.

20___.

20___.

20___.

20___.

# janeiro 7

**"Neste ano, quero ter esta planta na minha casa/mesa de escritório."**

Procure na internet ou em livros o nome correto da planta escolhida, composto por duas partes. Ao contrário dos termos populares, o nome científico é reconhecido no mundo todo.

20___. _____

20___. _____

20___. _____

20___. _____

20___. _____

# 8 janeiro

### Se você tivesse meia hora semanal para ter um jardim, por onde começaria?

Quem está começando na jardinagem pode desanimar ao cuidar de muitas plantas. Se você não tem experiência, mantenha a quantidade de plantas de que consegue dar conta sozinho.

20___.

20___.

20___.

20___.

20___.

## *janeiro* 9

### Qual planta imaginária você adoraria que existisse de verdade?

No século XIX, a árvore-do-dinheiro (*Dillenia indica*) gerou muitas pegadinhas. As pessoas escondiam moedas no meio do fruto escamoso e o vendiam como uma planta milagrosa.

20___. _____

20___. _____

20___. _____

20___. _____

20___. _____

# 10 janeiro

### De quem você ganhou flores a última vez?

Flores de corte duram mais se você podar o cabinho
dentro de um balde com água. Faça a poda
com a tesoura e as plantas submersas:
isso evita que entre ar nas cânulas de seiva.

20___.

20___.

20___.

20___.

20___.

## *janeiro* 11

**Destaque a coroa de um abacaxi e deixe num copo com água.**

Retire uma parte das folhas menores da base da coroa, expondo 1cm de caule: é daí que surgirão as raízes. No final do mês, a muda de abacaxi estará pronta para ser plantada.

20___.

20___.

20___.

20___.

20___.

# 12 janeiro

### As três melhores coisas da vida são...

Sol, água e adubo são as três coisas de que a planta precisa para crescer. Acertar na luz e regar para manter o solo úmido, nunca encharcado, resolve tudo — mesmo se esquecer de adubar.

20___.

20___.

20___.

20___.

20___.

## janeiro  13

**Crie seu próprio adubo rico em cálcio.**

Cascas de ovos são fonte do nutriente que deixa
as plantas firmes e resistentes a lagartas.
Triture as cascas secas no liquidificador e espalhe
o pó pelos vasos, regando por cima.

20___. _____

20___. _____

20___. _____

20___. _____

20___. _____

# 14 janeiro

**Qual foi a planta que mais durou nas suas mãos?**

Busque mais informações sobre a espécie — ela é de sol ou sombra? De clima tropical, desértico ou temperado? Use esses dados para pesquisar plantas de cultivo semelhante.

20___.

20___.

20___.

20___.

20___.

## janeiro 15

**Adote uma orquídea jogada no lixo.**

Muitas pessoas descartam essas plantas ao fim da florada, mas, se mantidas úmidas e em local onde bata sol fraco pela manhã, as orquídeas florescem pelo menos uma vez por ano.

20___.

20___.

20___.

20___.

20___.

# 16 janeiro

**Hoje, a Holanda comemora o Dia Nacional da Tulipa.**

Apesar de ter se transformado num símbolo nacional, a tulipa não é nativa da Holanda e, sim, da Turquia, onde seu nome significa "turbante", por causa do formato de suas flores.

20___._____

20___._____

20___._____

20___._____

20___._____

## janeiro 17

### Que música está na moda?

Bambus fazem um som de rachadura quando
o vento passa. Astrapeia e assa-peixe sempre revelam
o zunido das abelhas. Aguce os ouvidos para
os sons da natureza.

20___.

20___.

20___.

20___.

20___.

# 18 janeiro

**Você é mais de buquês de rosas ou de flores do campo?**

Não dilua açúcar, medicamentos ou produtos de limpeza na água do arranjo floral. Para deixá-lo bonito por até dez dias, corte a pontinha das hastes e troque a água diariamente.

20___.

20___.

20___.

20___.

20___.

# janeiro 19

**Ande descalço na grama por 5 minutos.**

Grupos de cientistas em várias partes do mundo revelam que se conectar com o solo acalma a mente, estimula a criatividade e evita doenças como depressão, ansiedade e hipertensão.

*20___.*

*20___.*

*20___.*

*20___.*

*20___.*

# 20 — janeiro

### Qual o matinho mais comum na sua casa?

Plantas invasoras indicam acidez ou falta de nutrientes no solo. Trevos aparecem quando há deficiência de cálcio e samambaias insistentes sugerem terra com pH ácido para as plantas.

20___. 

20___. 

20___. 

20___. 

20___.

# janeiro 21

### "A planta mais difícil de cuidar é..."

A jardinagem se torna complexa quando se pretende
cultivar uma espécie que não tem nada a ver com
o clima local. Comece pelas plantas nativas e
veja como fica bem mais fácil.

20___. _____

20___. _____

20___. _____

20___. _____

20___. _____

# 22 janeiro

### Qual pássaro seria bem-vindo em seu jardim?

Muitas árvores produzem néctar, flores, frutos ou sementes que alimentam as aves. Frutíferas e plantas de flores alaranjadas atraem sabiás, bem-te-vis e beija-flores.

20___.

20___.

20___.

20___.

20___.

# janeiro 23

**Anote aqui três coisas que valem a pena conservar.**

Uvas durarão mais se forem armazenadas embrulhadas em jornal. Bananas podem até ficar com a casca preta na geladeira, mas se conservarão por muito mais tempo do que fora dela.

20___.

20___.

20___.

20___.

20___.

# 24 *janeiro*

### Você já molhou suas plantas nesta semana?

Para saber quanto de água colocar no jardim, toque a superfície da terra com a ponta do dedo: se estiver úmida, não molhe. Ao regar, deixe sair bastante água pelos furos do vaso.

20___. _____
_____
_____

20___. _____
_____
_____

20___. _____
_____
_____

20___. _____
_____
_____

20___. _____
_____
_____

## janeiro 25

### Tem algum vaso perto da sua janela?

Os melhores locais para manter as plantas dentro de casa são os parapeitos das janelas. Observe se bate sol e por quantas horas antes de escolher a espécie ideal para colocar ali.

20___. _____

20___. _____

20___. _____

20___. _____

20___. _____

# 26 janeiro

**Saiba preparar um repelente caseiro contra pernilongos.**

Em 1 litro de água fervente, coloque 500g de folhas frescas de boldo, arruda e capim-limão, picadas grosseiramente. Tampe, espere 20 minutos, coe e borrife onde há mosquitos.

20___.

20___.

20___.

20___.

20___.

## janeiro 27

### Qual é o maior obstáculo para começar uma horta?

Alecrim, orégano, tomilho e manjericão precisam de 8 horas diárias de sol para ficarem bonitos. Já salsinha, cebolinha e as verduras de salada crescem bem mesmo com pouco sol.

20___.

20___.

20___.

20___.

20___.

# 28 *janeiro*

**Pegue uma folha no jardim e guarde nesta página.**

Folhas e outros fragmentos vegetais secos e
prensados são usados em estudos botânicos.
Chamados exsicatas, eles mantêm características
como padrões de bordas e nervuras.

*20____.*

*20____.*

*20____.*

*20____.*

*20____.*

# janeiro 29

**Em qual fase a Lua está no céu hoje?**

Nosso satélite natural interfere muito no crescimento das plantas. Prefira fazer podas e transplantes na Lua minguante. Deixe a colheita de folhas e flores para a Lua cheia.

20___. _____

20___. _____

20___. _____

20___. _____

20___. _____

# 30 janeiro

### Jardim pode ser apenas bonito ou deve ter uma função?

Cresce o uso de plantas funcionais no paisagismo.
Algumas são escolhidas para quebrar vento,
proteger a privacidade, servir de alimento,
filtrar poluentes ou diminuir o calor.

20___.

20___.

20___.

20___.

20___.

## janeiro 31

**Plante sua muda de abacaxi =)**

Lembra da coroa do dia 11? Retire da água e plante num vaso de 20cm de altura, numa mistura de partes iguais de areia e substrato para mudas. Regue toda semana e deixe no sol.

20___.

20___.

20___.

20___.

20___.

# 1 fevereiro

### Guarde as sementes de um tomate para plantar.

Comemore o Dia do Tomate lavando bem as sementes
retiradas do fruto e deixando-as secar ao sol por um dia.
Coloque num algodão, mantenha úmido
e espere uma semana.

*20___.*

*20___.*

*20___.*

*20___.*

*20___.*

# fevereiro 2

**"Subir em árvore me dá..."**

Crianças que brincam em árvores desenvolvem inteligência cinestésica. Na vida adulta, podem ter mais facilidade para pintar, dançar, dirigir, desenhar ou tocar instrumentos.

20___.

20___.

20___.

20___.

20___.

# 3 fevereiro

**Qual o alimento mais saudável no seu almoço de hoje?**

Assim como nós, as plantas também precisam
ser alimentadas com uma dieta o mais diversa possível.
Varie os adubos mensalmente para oferecer
o máximo de nutrientes.

20___.

20___.

20___.

20___.

20___.

## fevereiro 4

### Tente ver de perto uma flor "preta".

Assim como acontece com a pantera, as flores pretas não são exatamente dessa cor: olhe a callas, a flor-morcego ou a orquídea-negra de perto e verá que elas são meio avermelhadas.

20___.

20___.

20___.

20___.

20___.

# 5 fevereiro

### Por que você quer plantar?

Muitos caminhos levam à jardinagem, mas todos
têm potencial de transformar um passatempo
em uma verdadeira terapia, estimulando
a sensibilidade e a autoestima.

20___.

20___.

20___.

20___.

20___.

## fevereiro 6

### Qual jardim você gostaria de conhecer ao vivo?

Dos campos de lavanda na França à colheita da tulipa
na Holanda, do High Line Park em Nova York ao
Kew Gardens de Londres, jardins públicos
viram grandes pontos turísticos.

20___.

20___.

20___.

20___.

20___.

# 7 fevereiro

### Você consegue ver algum pedacinho de terra por perto?

Cobrir a terra de vasos e canteiros com uma grossa camada de palha ajuda a manter a umidade no solo. Valem folhas secas, aparas de grama, serragem, casca de pinus...

20___.

20___.

20___.

20___.

20___.

## fevereiro

**8**

### O que aconteceu com os tomates semeados no algodão?

Calor e umidade estimulam a germinação. Escolha a maior muda de tomate e plante, com o algodão, num vaso grande, com substrato para mudas. Ponha no sol e deixe a terra úmida.

20___.

20___.

20___.

20___.

20___.

# 9 fevereiro

### A quem você confiaria o cuidado de suas plantas?

Na falta de uma pessoa para regar seus vasos quando você viaja, molhe-os em abundância, deixe-os próximos uns dos outros e cubra a terra com folhas grossas de jornal encharcado.

*20\_\_.*

*20\_\_.*

*20\_\_.*

*20\_\_.*

*20\_\_.*

## *fevereiro* 10

**Experimente fazer um caroço de abacate germinar!**

Retire a semente do abacate, lave bem e apoie-a num copo com água, deixando metade do caroço acima da borda. Mantenha na claridade — em quatro meses, a muda estará pronta.

20___.

20___.

20___.

20___.

20___.

# 11 fevereiro

**Que livro de jardinagem está na sua lista de desejos?**

Se você tem curiosidade de saber os nomes das plantas,
vale a pena investir em livros de identificação.
Eles são ricos em fotos e trazem características
botânicas de muitas espécies.

*20___.*

*20___.*

*20___.*

*20___.*

*20___.*

## *fevereiro* 12

**Saiba escolher alimentos frescos.**

Melão, abóbora e moranga devem fazer um som oco quando batidos com os nós dos dedos. Quando o abacaxi está bem maduro, a folha mais alta da coroa se solta ao ser puxada.

20___. _____

20___. _____

20___. _____

20___. _____

20___. _____

# 13 fevereiro

**Qual a melhor coisa que você já viveu num parque?**

Pessoas que moram até 2km de uma área verde correm menos risco de doenças cardíacas e pulmonares, segundo uma pesquisa holandesa com 350 mil participantes.

20___.

20___.

20___.

20___.

20___.

## *fevereiro* 14

**Em silêncio, observe por 5 minutos uma quaresmeira florida.**

No Japão, é tradição admirar as cerejeiras: as pessoas buscam as árvores em flor para contemplá-las. Tente o *hanami* com nossa quaresmeira, tão florida nesta época do ano.

20___.

20___.

20___.

20___.

20___.

# 15 fevereiro

### Você já se deu a chance de errar?

As plantas que não parecem bem são as mesmas de sempre? Avalie se não é o caso de escolher espécies diferentes para seus vasos ou tentar do zero com outra variedade.

20___.

20___.

20___.

20___.

20___.

## fevereiro 16

**Consiga um punhado de cinzas.**

Em lareiras, pizzarias ou churrascos, as cinzas costumam ser descartadas. Recolha um pouco e use nos vasos como adubo potássico, bom para proteger as plantas de pragas e doenças.

20___. _____

20___. _____

20___. _____

20___. _____

20___. _____

# 17 fevereiro

### Quem está no topo da lista de chamadas do seu celular?

Doar sementes propaga não só plantas, mas também um olhar respeitoso para a natureza. E se você doasse sementes para serem adotadas por amigos, parentes e conhecidos?

20___. _____

20___. _____

20___. _____

20___. _____

20___. _____

## fevereiro 18

**"A planta que me faz recordar de meus avós é..."**

O aprendizado da jardinagem costuma brotar na infância e pode dar frutos se estimulado por parentes próximos. Reúna filhos ou netos e plantem juntos, nem que seja um vasinho.

20___.

20___.

20___.

20___.

20___.

# 19 fevereiro

**Você alguma vez pegou numa enxada?**

Ferramentas de jardinagem podem ser uma
ótima maneira de se manter em forma. Use do jeito certo:
faça movimentos amplos, mas sem força;
a enxada cairá com o próprio peso.

20___.

20___.

20___.

20___.

20___.

# fevereiro 20

### Guarde os araminhos do pacote de pão de forma.

Todo jardineiro que se preze tem um bom
punhado desses arames, úteis para prender trepadeiras
numa tela, placas de identificação a um vaso
ou uma muda a um tutor.

20___.

20___.

20___.

20___.

20___.

# 21 fevereiro

**Já fez um arranjo com flores que você mesmo colheu?**

Ao montar um arranjo floral em casa, nunca
deixe que as folhas entrem em contato com a água.
Elas diminuem a durabilidade do conjunto
e deixam um cheiro ruim no ambiente.

20___.

20___.

20___.

20___.

20___.

## *fevereiro* 22

### Que grãos você tem hoje na despensa?

Soja, milho, ervilha, lentilha, grão-de-bico, todos os tipos de feijões... é grande a lista de alimentos que você pode plantar agora mesmo sem ter de sair para comprar sementes.

20___.

20___.

20___.

20___.

20___.

# 23 fevereiro

### O que está em excesso no seu jardim?

Além de passarem uma ideia de sujeira e desleixo, vasos cheios de mato, cachepôs vazios e ferramentas enferrujadas atraem insetos e doenças. Dê um trato no cantinho das plantas.

20____.

20____.

20____.

20____.

20____.

## fevereiro 24

### Adicione composto orgânico a suas plantas.

Encontrado em garden centers, floriculturas e até
supermercados, ele é fonte de nitrogênio orgânico.
Acrescente punhados no entorno das mudas
de abacaxi e tomate e regue bem.

20___.

20___.

20___.

20___.

20___.

# 25 fevereiro

**Que fruta, verdura ou legume você comeria o ano todo?**

Na natureza, nenhuma planta comestível produz grãos,
frutas, raízes, verduras ou legumes o ano todo.
Aproveite a safra para ingerir alimentos mais frescos
e com menos agrotóxicos.

20___.

20___.

20___.

20___.

20___.

## fevereiro 26

### De 1 a 10, quanto você sabe de jardinagem?

Entender de plantas não é saber seus nomes
em latim ou decorar a tabela periódica dos adubos.
Vale muito mais treinar o olho para detectar
pragas ou sinais de falta de água.

20___.

20___.

20___.

20___.

20___.

# 27 fevereiro

### Quando foi a última vez que você viu vaga-lumes?

Esses insetos sofrem com a poluição e o excesso de luz das cidades. Pendure no jardim uma caixa de madeira cheia de galhinhos secos: vaga-lumes e joaninhas amam esse esconderijo.

20___.

20___.

20___.

20___.

20___.

## *fevereiro* 28

**Existe algum jardim bonito perto de sua casa? Qual?**

Caminhe pela vizinhança e observe que plantas recorrentes estão bonitas: essa é uma maneira esperta de selecionar espécies que se adaptem melhor ao clima da sua região.

20___.

20___.

20___.

20___.

20___.

# 29 fevereiro

**O que você fez neste dia extra?**

Em 24 horas, um morcego é capaz de dispersar 500 sementes de árvores, sendo um dos mais eficientes "jardineiros" da natureza. Das 1.200 espécies, apenas três chupam sangue.

20___.

20___.

20___.

20___.

20___.

## março

**1**

### Pegue uma planta qualquer e tente cuidar dela até o fim deste mês.

Regue o vaso em abundância quando notar que a superfície da terra está seca. Deixe que tome sol fraco da manhã e observe se as folhas parecem firmes e verdinhas o tempo todo.

20___. 

20___.

20___.

20___.

20___.

# 2  ~março~

**Observe o Sol na sua casa por um dia inteiro.
Há plantas na trajetória dele?**

A muda de abacaxi e o tomateiro crescerão mais fortes
e saudáveis se forem mantidos no canto mais
ensolarado da sua casa. Aumente as regas se for
preciso para que não murchem.

20___.

20___.

20___.

20___.

20___.

## março     3

**"Eu acho que abraçar árvores é coisa de gente..."**

Falar com as plantas, abraçá-las e batizá-las com nomes de pessoas pode não ser lá muito botânico nem científico, mas certamente traz benefícios para o seu bem-estar.

20___.

20___.

20___.

20___.

20___.

# 4 — março

### Quem merece a flor mais bela do mundo?

As plantas têm maneiras peculiares de atrair os polinizadores. O cacto-estrela, por exemplo, tem flores peludas, vermelhas e em formato de grandes estrelas que cheiram a... carniça!

20___.

20___.

20___.

20___.

20___.

# março  5

## Tire 5 minutos para inspecionar suas plantas.

Observe frente e verso da folhagem em busca de pintas, manchas, bolinhas, relevos e folhas malformadas. Esse cuidado ajuda a detectar pragas antes de virarem uma infestação.

20___.

20___.

20___.

20___.

20___.

# 6 — *março*

**Use palavras-chave para buscar inspiração.**

Instagram e Pinterest têm milhões de ideias criativas para montar um cantinho verde. Pesquise palavras-chave em inglês, como *indoor plants*, *home decor* ou *urban jungle*.

20___. _____

20___. _____

20___. _____

20___. _____

20___. _____

# março 7

### Monte um jardim suspenso à prova de tudo.

Quem tem cães, gatos ou crianças pequenas pode montar um jardim suspenso com vasos presos ao teto por ganchos. Isso mantém suas plantas longe de mãos e focinhos xeretas.

20___.

20___.

20___.

0___.

20___.

# 8 março

## O que você gostaria de ganhar hoje além de flores?

Apesar de muitas marcas e empresas associarem o Dia da Mulher à entrega de rosas, a data é uma oportunidade de se debater respeito, igualdade de gêneros e empoderamento.

20___.

20___.

20___.

20___.

20___.

# março  9

### Polvilhe canela em pó nas suas orquídeas.

Plantas do gênero *Phalaenopsis* têm a florada estimulada por essa especiaria que quase todos têm na despensa. Polvilhe uma colherinha por cima do substrato e regue em seguida.

O ___.

O ___.

O ___.

O ___.

O ___.

# 10     *março*

**Qual conselho sua mãe lhe deu sobre brincar na terra?**

Cientistas descobriram que passar 20 minutos
fazendo bolinhos de barro, ou brincando num parque,
em contato com a terra, melhora o raciocínio
lógico e a concentração das crianças.

*20*___.  _____

*20*___.  _____

*20*___.  _____

*20*___.  _____

*20*___.  _____

# *março* 11

## Busque três flores roxas nas ruas e tente descobrir seus nomes.

Preferidas pelas mamangavas, as grandes e barulhentas abelhas pretas, as flores arroxeadas costumam ser chamativas, abundantes e ter uma "rampa de pouso" para o polinizador.

O\_\_\_.

O\_\_\_.

O\_\_\_.

O\_\_\_.

O\_\_\_.

# 12 — março

**Molhe as plantas com "água mole".**

A água da torneira contém cloro, que dificulta o enraizamento. Evite a chamada "água dura" deixando-a num balde por 24 horas, o que fará o cloro evaporar. Regue em seguida.

20___.

20___.

20___.

20___.

20___.

## *março* 13

### Quanto você gastou na última compra de supermercado?

Ter uma horta em casa não é só divertido e relaxante, também promove uma economia nos gastos com frutas, verduras e legumes, além de diminuir perdas de alimentos na geladeira.

20___.

20___.

20___.

20___.

20___.

# 14 março

**Faça iscas contra moscas-das-frutas.**

Coloque 2cm de refrigerante ou suco doce
no fundo de garrafas PET, tampe e faça três furos
da espessura de um lápis próximos ao gargalo.
Pendure as iscas nas árvores frutíferas.

20___. _____

20___. _____

20___. _____

20___. _____

20___. _____

## *março* 15

**Qual peça de roupa com estampa floral você tem?**

Com flores grandes e coloridas em azul, vermelho e amarelo, as estampas de chita e de chitão surgiram na Índia e foram trazidas ao Brasil pelos colonizadores portugueses.

20___.

20___.

20___.

20___.

20___.

# 16 — março

**Combata lesmas e caracóis usando cascas.**

Melão, pepino e melancia são úmidos e atrativos para lesmas e caracóis. Ponha as cascas perto dos vasos no começo da noite, deixe duas horas, depois recolha as iscas e descarte-as.

20___.

20___.

20___.

20___.

20___.

## *março* 17

**O que você poderia fazer pelo verde ainda hoje?**

Coletar sementes, dividir plantas para tirar mudas,
compartilhar uma dica caseira de adubação...
Há muitas formas de se conectar com
a natureza e disseminar jardins.

20___.

20___.

20___.

20___.

20___.

# 18 *março*

### Coloque talco na água do abacate.

Ainda é cedo para o caroço de abacate ter folhas,
mas ele enraizará mais depressa se você adicionar à água
meia colher de talco — ele tem ácido bórico,
um micronutriente essencial.

20___. _____

20___. _____

20___. _____

20___. _____

20___. _____

## *março* 19

### Qual foi a dica mais furada que você ouviu numa floricultura?

Vendedores costumam repassar informações obtidas junto a produtores, como a lenda de que orquídeas precisam de 200ml de água por semana. Esqueça isso, regue bem mais.

20___.

20___.

20___.

20___.

20___.

# 20 março

**Ouça o som que as folhas secas
fazem ao serem pisadas.**

Com o início do outono, começa um período maior
de queda de folhagem das árvores. Use as folhas
secas para cobrir a terra exposta em vasos
e floreiras, adubando suas plantas.

20___. _____

20___. _____

20___. _____

20___. _____

20___. _____

## março 21

**Você já esteve numa floresta?
Qual foi a sensação?**

O Brasil ainda é o país com a maior área verde do mundo
e o quarto com mais espécies de orquídeas nativas.
Essas adoráveis plantas tropicais podem passar
até três meses floridas!

20___.

20___.

20___.

20___.

20___.

# 22 — março

**No Dia da Água, ponha um balde no box.**

Ao se ensaboar ou mesmo quando tirar o xampu, mantenha um balde próximo dos seus pés durante todo o banho. Use essa água nas plantas — a espuma é ótima contra cochonilhas.

20___.

20___.

20___.

20___.

20___.

## março  23

### Que filme tem uma paisagem deslumbrante?

Algumas produções se consagram pelas locações.
*Piratas do Caribe* tem belas tomadas de praias no Havaí,
enquanto um vilarejo na Nova Zelândia foi cenário
de *O Senhor dos Anéis*.

20___. _____

20___. _____

20___. _____

20___. _____

20___. _____

# 24 ~março~

### Revire o guarda-roupas atrás de uma meia-calça furada.

É fácil usar meias finas para plantar orquídeas.
Faça uma bola de estopa molhada, envolva as raízes
da planta nela e acomode tudo na meia-calça,
amarrando as pernas numa árvore.

20___.

20___.

20___.

20___.

20___.

# março 25

### Qual é a planta que melhor representa você? Por quê?

Árvores são lentas e longevas, cactos podem ser espinhentos, mas têm doçura no interior. Há folhagens lindas que são mortais se ingeridas e flores delicadas que duram um único dia.

20___.

20___.

20___.

20___.

20___.

# 26 março

**Saia para tomar sol por 15 minutos.**

A exposição solar é fundamental para a produção de vitamina D. Sem ela, o corpo fica sujeito a problemas ósseos e à deficiência de cálcio e fósforo.
Vá a um parque tomar sol!

20___.

20___.

20___.

20___.

20___.

## março 27

**Quando foi a última vez que você viu uma borboleta?**

Nesta época, é comum aparecerem taturanas perto de coqueiros: quando estão no baixo, essas lagartas já não comem plantas, só buscam um lugar para encasular e virar borboleta.

20___.

20___.

20___.

20___.

20___.

# 28 ~março~

**Baixe um aplicativo de bússola no celular.**

Aprenda a alinhar a ponteira magnética com o
Norte da Terra para prever o movimento do Sol no jardim.
De frente para o Norte, à sua direita, está o nascente
e, à esquerda, o poente.

*20___.*

*20___.*

*20___.*

*20___.*

*20___.*

## março 29

**O que você perdeu num jardim e nunca mais encontrou?**

Esquilos, guaxinins e outros pequenos roedores são pródigos em "guardar" coisas. Já o pássaro-cetim leva para o ninho coisas azuis ou brilhantes, como tampinhas e papéis de bala.

20___.

20___.

20___.

20___.

20___.

# 30 março

### Tente fotografar a flor-da-paixão.

A flor do maracujá faz homenagem à Paixão de Cristo: são dez pétalas, em alusão aos apóstolos presentes à crucificação, e um miolo com "cinco chagas" e "três pregos".

20___.

20___.

20___.

20___.

20___.

## março    31

### Esfregue um punhado de terra nas mãos. Que cheiro tem?

Quando tem boa fertilidade, o solo tem um aroma fresco de chuva. Terra com cheiro azedo está precisando de mais matéria orgânica. Odor de esgoto indica água empoçando no solo.

20___. _____

20___. _____

20___. _____

20___. _____

20___. _____

# 1 — abril

### O que você diria a quem inventou o chocolate?

Acredita-se terem sido os espanhóis que transformaram em chocolate a bebida amarga e picante que maias e astecas preparavam com as sementes torradas do cacaueiro.

20___.

20___.

20___.

20___.

20___.

# abril 2

**Faça uma trouxinha de adubo para plantas.**

Bokashi é o nome de um famoso adubo orgânico.
Ponha uma colher desse farelado num pedaço de TNT,
amarre fazendo um sachê, deixe à vista no vaso
e regue por cima dele.

20___.

20___.

20___.

20___.

20___.

# 3 abril

**Você largaria tudo para viver daquilo que plantou?**

Muitas pessoas têm saído das grandes cidades para morar em pequenas propriedades rurais, numa tentativa de redescobrir o prazer de uma vida mais simples e natural.

20___. _____

20___. _____

20___. _____

20___. _____

20___. _____

# abril

**4**

### Experimente desenhar uma árvore hoje.

Esse exercício busca muito mais estimular a observação do que revelar artistas: tente reproduzir galhos, folhas, flores e frutos sem fazer muitos julgamentos sobre seu traço.

20___.

20___.

20___.

20___.

20___.

# 5 abril

### Quem é seu exemplo de bom jardineiro?

O mercado de jardinagem vem crescendo muito nos últimos anos, aumentando a procura por profissionais que façam manutenção de áreas verdes em casas, sítios e empresas.

*20\_\_\_.* _____
_____
_____

*20\_\_\_.* _____
_____
_____

*20\_\_\_.* _____
_____
_____

*20\_\_\_.* _____
_____
_____

*20\_\_\_.* _____
_____
_____

## *abril* 6

**Não descarte as bandejas de isopor.**

De difícil reciclagem, bandejas de isopor ganham
um uso nobre ao servirem como berçários de sementes.
Picadas, elas também substituem a argila
expandida no fundo dos vasos.

20___.

20___.

20___.

20___.

20___.

# 7 abril

**Proteja as plantas de doenças fúngicas.**

Prepare um chá forte de cavalinha para evitar que abacaxi, tomate, abacate e outras espécies sejam atacadas por fungos. Espere o chá esfriar e borrife a planta toda com ele.

20___.

20___.

20___.

20___.

20___.

# abril

## 8

### Quantos vasos você tem em casa?

Reunir plantas em jardineiras coletivas economiza tempo em regas e adubação. Evite problemas plantando juntas espécies que cresçam em condições iguais de sol, água e solo.

20___.

20___.

20___.

20___.

20___.

# 9 abril

### "Adorei a capa florida do livro..."

Orquídeas, rosas, peônias, margaridas e outras
espécies de flores ilustram muitas obras literárias.
Busque na sua estante algum livro florido e
tente identificar a planta da capa.

20___.

20___.

20___.

20___.

20___.

# abril 10

### Como está o clima lá fora hoje?

Nem todas as plantas conseguem se adaptar
a vento, frio, sol forte ou baixa umidade do ar.
Acompanhe as mudanças no clima para antecipar
eventuais problemas no jardim.

20___.

20___.

20___.

20___.

20___.

# 11 abril

**Tire mudas das suas suculentas.**

As folhas das suculentas enraízam e viram mudas
se mantidas por uns meses à sombra, numa bandeja
com areia úmida. Não enterre a pontinha:
isso faz a folha apodrecer rapidamente.

20___.

20___.

20___.

20___.

20___.

## *abril* 12

### E se você plantar um feijão sem algodãozinho?

O truque aprendido na escola serve para manter o grão úmido, mas não encharcado. Consiga um enraizamento melhor plantando sementes direto no substrato para mudas.

20___.

20___.

20___.

20___.

20___.

# 13 abril

**Quantas folhas com formato de coração você conhece?**

A parte colorida do antúrio que muita gente chama de flor é, na verdade, uma bráctea, espécie de folha modificada — as flores, minúsculas, estão na haste que sai dela.

20___.

20___.

20___.

20___.

20___.

## *abril* 14

### Que tesouro você gostaria de encontrar cavando a terra?

A camada mais fértil do solo está nos primeiros 5 a 20cm de terra. Quanto mais fundo, menos vida: abaixo de 50cm da superfície há muitas pedras e pouca oxigenação.

20___.

20___.

20___.

20___.

20___.

# 15 abril

**"Meu cantinho verde seria melhor se não tivesse..."**

Muito do que a gente considera ruim tem serventia na jardinagem. Formigas sinalizam a presença de pulgões, muitos matinhos viram comida e até talude rende um bom canteiro.

20___.

20___.

20___.

20___.

20___.

## abril 16

**Faça brotos germinados em potes de vidro.**

Num vidro, deixe um punhado de grão-de-bico de molho por dois dias, trocando a água de 8 em 8 horas. Escorra e deixe tampado até surgirem brotos de 1cm. Sirva cru ou como salada.

20___.

20___.

20___.

20___.

20___.

# 17 abril

### Qual é o primeiro nome de planta que vem à sua mente agora?

Íris, rosa, érica, angélica e margarida são alguns dos nomes populares de flores famosas. Muitas batizam também pessoas — será que você conhece alguém com nome de flor?

20___.

20___.

20___.

20___.

20___.

## *abril* 18

### De quantos frutos vermelhos você se recorda?

Usado por muitos índios como corante, o urucum produz um pó vermelho que tinge de forma orgânica e permanente qualquer tecido natural, como roupas e panos de prato.

20___.

20___.

20___.

20___.

20___.

# 19 abril

### Pare o que está fazendo e coma uma fruta.
### Qual você tinha à mão?

Picadas, espremidas, em forma de chás, sucos ou purês, *in natura* ou desidratadas, frutas são fundamentais numa alimentação equilibrada (e ainda têm sementes para plantar!).

20___.

20___.

20___.

20___.

20___.

# abril

**20**

### Qual é a árvore da sua vida?

Muitas famílias plantam uma muda de árvore quando nasce um filho, para que ele cresça vigoroso como a planta. Não tem uma árvore só sua?
Sempre é tempo de plantar uma.

20___. _____

20___. _____

20___. _____

20___. _____

20___. _____

# 21 abril

**Seus vasos de barro estão esbranquiçados?**

Comum em vasos velhos, essa pátina branca é criada pelo acúmulo dos sais da adubação. Apesar de bonita, ela faz mal às plantas: deixa a terra "salgada" e as raízes com mais sede.

20___.

20___.

20___.

20___.

20___.

## abril                                    22

### Como é a sua terra?

As plantas não crescem num único tipo de solo.
A lavanda, por exemplo, gosta de terra arenosa,
enquanto folhagens preferem solo argiloso.
Na dúvida, use substrato misto.

20___.

20___.

20___.

20___.

20___.

# 23 abril

**Semeie alguma planta e dê de presente a seu vizinho.**

A jardinagem é um dos hobbies mais baratos e generosos do mundo: você precisa de muito pouco para plantar. Ganhar uma muda ou semente pode ser o estímulo que faltava.

*20___.* _____

*20___.* _____

*20___.* _____

*20___.* _____

*20___.* _____

## *abril* 24

**"Ficar sozinho, em silêncio, numa área verde me dá..."**

Em muitas culturas, a meditação é feita em parques, praças ou outros espaços ao ar livre. Essa sintonia com a natureza estimula os ritmos internos do corpo e aumenta a criatividade.

20___.

20___.

20___.

20___.

20___.

# 25 abril

**Coloque um suporte para o tomate escalar.**

Com varetas longas de bambu ou três cabos
de vassoura, faça um tripé em torno do tomateiro.
Use araminhos de pacote de pão de forma
para firmar as ramas no suporte.

*20___.*

*20___.*

*20___.*

*20___.*

*20___.*

## abril

**26**

### Que praga está tirando o seu sono?

Afaste pulgões, lagartas e cochonilhas adubando
os vasos uma vez por mês com farinha de ossos.
Se já tiverem aparecido, borrife óleo de neem
nas folhas uma vez por semana.

20___.

20___.

20___.

20___.

20___.

## 27 abril

### Qual a planta mais antiga de que você consegue se lembrar?

Até a jardinagem é sujeita a "modismos": nos anos 80, por exemplo, quando mal se falava em suculentas, as pessoas colecionavam violetas-africanas nos parapeitos das janelas.

20___. _____

20___. _____

20___. _____

20___. _____

20___. _____

## abril     28

### Você já esteve numa caatinga?

Constituída por muitas gramíneas, plantas de porte baixo e arbustos de troncos retorcidos, a caatinga é um bioma que só existe no Brasil. Seu nome em tupi quer dizer "mata branca".

20___.

20___.

20___.

20___.

20___.

# 29 abril

**"Pegar uma minhoca na mão é..."**

Bilhões de pequenos seres decompõem resíduos orgânicos, mas apenas as minhocas conseguem acrescentar cálcio ao adubo final, tornando-o ainda mais rico para as plantas.

20___.

20___.

20___.

20___.

20___.

# abril 30

**Suas folhas estão com pintas ou manchas estranhas?**

Antes de usar fungicida, observe. Se as pintas fazem grupos ou saem quando raspadas, talvez sejam cochonilhas (uma escova com água e sabão de coco acaba com o problema).

20___. _____

20___. _____

20___. _____

20___. _____

20___. _____

# 1 — maio

**O que dá muito trabalho na jardinagem?**

Se arrancar mato parece desperdício de tempo, cubra vasos e canteiros com uma camada grossa de palha seca. Além de aumentar a fertilidade, ela dificulta o surgimento de inços.

20___.

20___.

20___.

20___.

20___.

## maio 2

### Monet, Van Gogh ou Frida Kahlo, quem retrataria seu jardim?

Alguns artistas plásticos pintaram tantas vezes os mesmos temas naturais que é possível criar um projeto paisagístico inteiro inspirado em suas obras.

20___.

20___.

20___.

20___.

20___.

# 3 ~maio~

### Você é capaz de reconhecer a árvore que deu nome ao Brasil?

Com o tronco avermelhado, coberto de espinhos, o pau-brasil (*Paubrasilia echinata*) era cobiçado por sua resina, usada como tintura. As flores amarelas surgem na primavera.

20___.

20___.

20___.

20___.

20___.

## maio 4

### De quanto espaço você precisa para ser feliz?

Criada por dois ecologistas australianos e comemorada hoje, a permacultura é um conjunto de soluções para que o homem possa viver causando o menor impacto possível à natureza.

20___. _____

20___. _____

20___. _____

20___. _____

20___. _____

# 5

## ~maio~

### Use jornal no fundo dos vasos.

Além de evitar que a terra saia pelos furos de drenagem, folhas de jornal impedem que lesmas e caracóis entrem por baixo dos vasos e separam as raízes do excedente de água.

20___.

20___.

20___.

20___.

20___.

## maio 6

**Reúna a família para um piquenique.**

Comum na Europa, o hábito de fazer pequenas refeições em parques e praças estimula o desenvolvimento cognitivo das crianças. Lembre-se de recolher seu lixo antes de ir embora.

20___.

20___.

20___.

20___.

20___.

# 7

## ~maio~

### Qual a planta mais bizarra que você já viu?

Nem só de belezuras é feita a natureza: há orquídeas que exalam cheiro de ovo podre, flores que atraem moscas-varejeiras e palmeiras polinizadas por ratos e ratazanas.

20___.

20___.

20___.

20___.

20___.

## *maio* 8

### Você busca novos ares?

Ao mudar um vaso de lugar, marque com um "X"
a borda do vaso voltada para o Norte.
Quando colocar a planta no novo canto, mantenha
o "X" voltado para a mesma direção.

20___.

20___.

20___.

20___.

20___.

# 9 — maio

**"O cômodo mais ensolarado da minha casa é..."**

Quanto mais incidência de sol no ambiente interno, maior o leque de plantas que consegue crescer dentro de casa. Até no quarto é possível ter plantas, desde que recebam luz natural.

20___. _____

20___. _____

20___. _____

20___. _____

20___. _____

## maio

# 10

### Consiga uma muda de flor-de-maio.

Foi-se o tempo das floradas pontuais: pode ser que sua flor-de-maio floresça só daqui a uns meses. Essa bela suculenta brasileira pega fácil se você plantar uma de suas "folhas".

O ___ .

O ___ .

O ___ .

O ___ .

O ___ .

# 11 maio

**Afaste os pássaros das mudas recém-plantadas.**

Dobre em "U" um arame longo de orquídeas e espete-o num vaso, cobrindo com tela de mosquiteiro.
Prenda as pontas da tela enterrando-as na borda ou pondo pedras em cima.

20___.

20___.

20___.

20___.

20___.

## *maio* 12

### Como era o jardim da sua mãe?

Na pré-história, homens caçavam e mulheres coletavam alimentos — das mãos delas nasceu a agricultura. Ainda hoje, muitas mães e avós ensinam o bê-á-bá da jardinagem.

20___.

20___.

20___.

20___.

20___.

# 13 maio

### Observe de perto as orquídeas nas árvores.

Expostas ao tempo, essas plantas dão muitas flores, mas costumam ter folhas com pragas, manchas e doenças. Que tal rever a ideia de que orquídea no vaso tem de ser impecável?

20___.

20___.

20___.

20___.

20___.

## maio

**14**

### Qual seu objetivo?

Deixar a casa bonita, esvaziar a mente, encontrar
uma nova fonte de renda ou se reconectar
com a natureza são alguns dos objetivos que atraem
as pessoas no trato com as plantas.

20___.

20___.

20___.

20___.

20___.

# 15 maio

**De quantas flores amarelas você consegue se lembrar?**

Plantas de florada ou folhagem *flava* são
tão comuns que esse termo em latim para designar
"loiro, amarelo" aparece no nome científico
de centenas de espécies.

20___.

20___.

20___.

20___.

20___.

## maio

# 16

### Você sabe diferenciar raiz de haste floral?

Quando saem do período de dormência, as orquídeas primeiro produzem novas raízes, normalmente brancas com a ponta verde ou roxa. Só depois surge a haste de flor, verdinha.

O \_\_\_.

O \_\_\_.

O \_\_\_.

O \_\_\_.

O \_\_\_.

# 17 maio

### Comece hoje a plantar uma minissalada.

Aproveite o Dia do Horticultor para plantar verduras de colheita precoce, como agrião, alface e rúcula. Cubra o vaso com sementes e mantenha a terra úmida. Colha em 20 dias.

20___.

20___.

20___.

20___.

20___.

## maio 18

**Você está mais para cigarra ou formiga?**

Cigarras podem passar até 30 anos como larvas, crescendo nas raízes das árvores (algumas se tornam até pragas). Depois que saem da terra, ganham asas, mas duram uns poucos dias.

20___.

20___.

20___.

20___.

20___.

# 19 — maio

**Proteja seus móveis de brocas e cupins.**

Misture algumas gotas de óleo essencial de bergamota em cera de abelha e misture bem. Use essa pasta para vedar os furos na madeira: a essência é tóxica para muitos insetos.

20___.

20___.

20___.

20___.

20___.

## maio 20

### Que bebida traz boas lembranças?

Vinhos tintos são ricos em tanino, uma substância amarga que algumas árvores produzem no tronco ou nos frutos para evitar pragas e o enraizamento de parasitas e trepadeiras.

20___.

20___.

20___.

20___.

20___.

# 21 maio

### Do que você se cansou?

Plantas que estão sempre com pragas, folhas que caem em excesso, áreas sempre ralas no canteiro... Renovar as espécies pode trazer um novo ânimo para seu jardineiro interior.

20___.

20___.

20___.

20___.

20___.

## maio 22

### Liste três coisas que você precisa ter no jardim.

Pás, vasos e adubos podem ser improvisados com coisas que você já tem em casa, como colheres, latas e restos de cozinha. Já ferramentas de poda são um bom investimento.

20___.

20___.

20___.

20___.

20___.

# 23 maio

**Quem merece o primeiro tomate que você colher?**

Vá cortando os galhos floridos do tomateiro para
deixar apenas os maiores e de melhor aspecto.
Isso concentra nutrientes em frutos graúdos,
mais firmes e suculentos.

20___.

20___.

20___.

20___.

20___.

## maio 24

**Use milho para ajudar seu pet a eliminar bolas de pelo.**

Cães e gatos buscam instintivamente ingerir grama quando sentem desconforto estomacal. Germine milho em bandejas de isopor e deixe que eles comam para expelir bolas de pelo.

20___.

20___.

20___.

20___.

20___.

# 25 maio

### Quantas frutas diferentes você já provou?

Graças às dimensões continentais e à grande diversidade botânica, o Brasil tem muitas árvores frutíferas nativas. Pesquise as espécies da sua região para provar novos sabores.

20____.

20____.

20____.

20____.

20____.

## maio 26

### O que você descobriu sobre plantas sem que ninguém ensinasse?

Observar regularmente o jardim desenvolve um olhar apurado para os pequenos sinais de falta de rega, solo pobre em nutrientes, ataque de pragas ou outros problemas de manejo.

20___. _____

20___. _____

20___. _____

20___. _____

20___. _____

# 27 maio

### Você já esteve na Mata Atlântica?

Berçário de aves, sapos, macacos, orquídeas, bromélias, arbustos, pinheiros e outras maravilhas naturais, a Mata Atlântica resiste em uma faixa que vai de norte a sul do país.

20___.

20___.

20___.

20___.

20___.

## maio 28

### Vento frio ou bafo quente, em qual extremo você se sai melhor?

Há plantas em todos os continentes. Algumas são capazes de suportar temperaturas muito abaixo de zero, outras precisam torrar o dia todo no sol para crescer e florir.

20___.

20___.

20___.

20___.

20___.

# 29 — maio

**Adube a mini-horta com húmus de minhoca.**

Uma semana depois de as verduras terem sido semeadas, vale renovar a terra acrescentando um punhado de húmus de minhoca.
Regue em abundância depois de aplicar.

20___. _____

20___. _____

20___. _____

20___. _____

20___. _____

## maio

# 30

### Que planta você gostaria de ver ao vivo?

Orquídea-cara-de-macaco, arbusto com flores
que parecem pássaros, trepadeira em forma de lábios...
Com tanto Photoshop por aí, só vendo de perto
para crer nessas plantas.

20___. _____

20___. _____

20___. _____

20___. _____

20___. _____

# 31 ~maio~

**Fortaleça seu jardim para períodos sem água.**

Agrupar as plantas, deixar os vasos no chão (e não suspensos), acrescentar vermiculita à terra e regar copiosamente deixa as raízes úmidas o bastante para um feriado prolongado.

20___. _____

20___. _____

20___. _____

20___. _____

20___. _____

# junho

**1**

### Escreva aqui a primeira música que fale de flores que lhe vier à cabeça.

Cartola, Tom Jobim e Roberto Carlos são alguns dos artistas brasileiros que se inspiraram nas plantas e na natureza para compor ou interpretar músicas que se tornaram célebres.

20___.

20___.

20___.

20___.

20___.

# 2  *junho*

### Algo voa quando você mexe nas plantas?

Quase invisível a olho nu, a mosca-branca causa um estrago aparente, deixando as folhas amareladas. Pendure armadilhas inseticidas amarelas caso encontre essas pragas nos vasos.

20___. _____

20___. _____

20___. _____

20___. _____

20___. _____

## junho  3

**Comece a juntar rolhas de garrafa.**

Perfeitas para substituir a argila expandida na camada de drenagem dos vasos, elas criam um belo efeito em arranjos de suculentas montados em bases transparentes ou de vidro.

20___.

20___.

20___.

20___.

20___.

# 4 junho

### Qual é a paisagem mais impactante do Brasil?

Das Cataratas do Iguaçu às praias de Fernando de Noronha,
dos Lençóis Maranhenses à Chapada dos Veadeiros,
de Bonito a Inhotim, o país tem muitos
cartões-postais verdinhos.

20___.

20___.

20___.

20___.

20___.

## junho 5

**Cite três coisas que poupam o meio ambiente e são fáceis de adotar.**

Aderir à Segunda Sem Carne, fechar a torneira ao escovar os dentes, reaproveitar água da máquina de lavar, andar de bicicleta... dá tempo de aderir a práticas mais sustentáveis.

20___.

20___.

20___.

20___.

20___.

# 6 junho

**Qual é o sabor de colher o que você plantou?**

Se você semeou verduras no mês passado, está na hora de colher. Chamadas de *baby leafs*, as folhas jovens são uma ótima alternativa para lugares com pouco sol.

20___. _____

20___. _____

20___. _____

20___. _____

20___. _____

## junho 7

### Renove a palha dos vasos e canteiros.

Prepare o jardim para o frio fazendo uma cobertura orgânica. Folha de bananeira, capulho de algodão, casca de café e semente de açaí são algumas das palhas mais abundantes.

20___.

20___.

20___.

20___.

20___.

# 8 junho

### Quando foi a última vez que você chupou uma laranja?

Típicos de clima frio, os cítrus se adaptaram ao calor: hoje, limões, laranjas e mexericas são os sucos mais consumidos no mundo. A fruta fresca, no entanto, continua incomparável.

20___.

20___.

20___.

20___.

20___.

## ～junho～ 9

### O que você vive adiando fazer na jardinagem?

Quando estão há muitos anos sem adubo ou num vaso pequeno, as plantas se tornam frágeis e propensas a pragas e doenças. Adube e transplante em apenas 15 minutos.

20___. _____
_____
_____

20___. _____
_____
_____

20___. _____
_____
_____

20___. _____
_____
_____

20___. _____
_____
_____

# 10 junho

**Você já quis morar numa casa na árvore?**

Muito frequentes em filmes e quadrinhos, cabanas de madeira suspensas em árvores são trabalhosas de montar, mas muito duráveis — e um esconderijo perfeito para as crianças.

20___.

20___.

20___.

20___.

20___.

## *junho* 11

### "Eu poderia dar aula de..."

Garden centers e jardins botânicos costumam
oferecer aulas gratuitas de horta, bonsais, orquídeas
e outros temas gerais de jardinagem.
Procure o mais perto da sua casa.

20___.

20___.

20___.

20___.

20___.

# 12 junho

### Mal-me-quer ou bem-me-quer?

Símbolo dos amores platônicos, a margarida faz parte de um grande grupo botânico que inclui gérberas, girassóis, crisântemos e outras flores do campo, quase todas comestíveis.

20___.

20___.

20___.

20___.

20___.

## junho 13

### Onde você foi pedido(a) em namoro/casamento?

No dia do santo casamenteiro, é tradição ofertar
um ramalhete recém-colhido. O buquê de noiva, aliás,
surgiu assim, feito das flores que a moça ia
recebendo a caminho do altar.

20___. _____

20___. _____

20___. _____

20___. _____

20___. _____

# 14 junho

**Dê casa nova para a muda de abacate.**

O que era um caroço sem graça se transformou numa muda de árvore! Plante em canteiro ou vaso grande, em partes iguais de substrato e esterco curtido. Molhe bem e deixe no sol.

20___.

20___.

20___.

20___.

20___.

## *junho* 15

### Qual a coisa mais perigosa num jardim?

Plantas tóxicas são mais comuns do que se imagina: azaleia, guaimbê, espirradeira e alamanda não devem ser ingeridas, especialmente por crianças e animais de estimação.

20___.

20___.

20___.

20___.

20___.

# 16 junho

### "Não vejo a hora de ver brotar..."

Plantas anuais geram resultados rápidos para quem tem pressa. O rabanete, por exemplo, leva apenas 28 dias da semente ao prato. Ervas aromáticas podem ser colhidas com 20 dias.

20____. _____

20____. _____

20____. _____

20____. _____

20____. _____

## junho 17

### Água de mais ou "de menos": o que mata suas plantas?

Falhas na rega são comuns entre *garden killers*. Habitue-se a pegar o vaso nas mãos: quanto mais leve, menos água tem. Dá para exercitar isso até mesmo com vasos de barro.

20___.

20___.

20___.

20___.

20___.

# 18 junho

### Quem é sua queridinha no momento?

Ter poucos vasos ajuda muito quem está começando na jardinagem. Programe alertas semanais no celular para ser avisado de quando é preciso regar ou adubar a planta.

20___.

20___.

20___.

20___.

20___.

## *junho* 19

**Descreva a planta que está mais perto de você.**

Detalhes como formato de folhas, tipo de borda, desenho das nervuras e número de pétalas são alguns dos fatores que os taxonomistas usam para identificar espécies botânicas.

20___.

20___.

20___.

20___.

20___.

# 20 junho

### Qual chá parece colo de mãe?

Não jogue fora os saquinhos de chá usados:
as ervas que sobraram podem ser jogadas na terra
e acrescentam nitrogênio ao solo. Cubra com
substrato para não atrair mosquinhas.

*20___.*

*20___.*

*20___.*

*20___.*

*20___.*

## junho 21

**Prepare seu jardim para o inverno.**

Com a diminuição da temperatura e das horas de sol, acrescente uma colherada de Bokashi por vaso e deixe as regas mais espaçadas. Proteja as mudas de correntes de vento.

20 ___ . _____

20 ___ . _____

20 ___ . _____

20 ___ . _____

20 ___ . _____

# 22 — junho

### Quantas orquídeas transformam uma coleção em um vício?

Também chamadas de orquídeas-borboleta, as *Phalaenopsis* são o gênero mais popular do mundo. Pudera, as flores grandes, coloridas e numerosas podem durar até quatro meses!

20___. _____

20___. _____

20___. _____

20___. _____

20___. _____

## junho 23

### Faça a poda anual das roseiras.

Muitos elegem o Dia de São João para podar roseiras, mas essa manutenção pode ser feita em qualquer dia entre o fim do outono e o começo do inverno.
Deixe tocos de 20 a 30cm.

20___.

20___.

20___.

20___.

20___.

# 24

## *junho*

**Qual é seu passeio predileto num dia ensolarado?**

No Solstício de Inverno, dias e noites têm
exatamente a mesma quantidade de horas.
Muitas plantas reagem a dias cada vez mais curtos
entrando em dormência nesta estação.

*20___.* _____
_____
_____
_____

*20___.* _____
_____
_____
_____

*20___.* _____
_____
_____
_____

*20___.* _____
_____
_____
_____

*20___.* _____
_____
_____
_____

## junho  25

### Onde você esconderia um tesouro?

Fundamentais para a reprodução, os grãos de pólen
são preciosos o bastante para ficarem protegidos
de intrusos. Cada planta tem um truque para
atrair apenas seu polinizador.

20___. 

20___. 

20___. 

20___. 

20___.

# 26 junho

### Que planta tem um nome muito engraçado?

Sete-léguas, barba-de-serpente, bastão-do-imperador, suzana-dos-olhos-negros, graxa-de-estudante... Nomes populares variam muito de acordo com a região e o uso das espécies.

20___.

20___.

20___.

20___.

20___.

## junho 27

### Caminhe no bairro atrás de um pé de mamão.

As folhas frescas são assassinas para pulgões e cochonilhas: junte água, duas folhas de mamão e 1cm de sabão de coco, bata no liquidificador, coe e use como inseticida natural.

20___.

20___.

20___.

20___.

20___.

# 28 *junho*

### "Me falta coragem para dizer..."

Lagartas podem ser nojentas, mas não invencíveis.
Coloque luvas, encha-se de coragem e cate uma a uma.
Esse ainda é o método de controle mais eficiente
e orgânico que existe.

*20* ___ . _____

*20* ___ . _____

*20* ___ . _____

*20* ___ . _____

*20* ___ . _____

## junho 29

### O que você pensa quando vê um bonsai?

Tradição familiar no Japão, a arte de miniaturizar árvores tem muitos fãs. Para o bonsai durar décadas, regue todo dia, em abundância, e deixe a bandeja onde bata sol forte.

20___.

20___.

20___.

20___.

20___.

## 30 junho

**Fotografe o maior número de
ipês floridos que encontrar.**

Há várias espécies dessa árvore nativa, em flor de junho
a agosto, começando pelo ipê-roxo-de-bola,
passando pelos ipês amarelo, rosa e branco
e terminando com o ipê-de-el-salvador.

*20___.*

*20___.*

*20___.*

*20___.*

*20___.*

## julho

**1**

### Praia, parque ou cachoeira: onde você gostaria de estar agora?

As paisagens naturais não têm o mesmo impacto no ser humano. Segundo pesquisas, praias acalmam a mente, parques amenizam dores e tristezas e cachoeiras dão energia e estímulo.

20___.

20___.

20___.

20___.

20___.

# 2 julho

**"Eu fico sem ar toda vez que vejo _____ no cinema."**

Privar as ervas invasoras de ar e luz é a forma mais eficiente de impedir que cresçam no seu jardim. Plante forrações no entorno de árvores e arbustos para manter o solo todo coberto.

20\_\_\_.

20\_\_\_.

20\_\_\_.

20\_\_\_.

20\_\_\_.

## julho  3

### Qual foi a planta mais cara que você já comprou?

Vanda é um dos gêneros de orquídeas mais cobiçados nas floriculturas. Nativas da Tailândia e das Filipinas, essas plantas podem levar até dez anos para florir pela primeira vez.

20___.

20___.

20___.

20___.

20___.

# 4 *julho*

### Proteja as plantas de geada.

Coloque dentro de casa os vasos de espécies delicadas e cubra com folhas grossas de jornal a superfície dos canteiros expostos a geadas. Diminua as regas para evitar doenças fúngicas.

20___.

20___.

20___.

20___.

20___.

## julho  5

**Que espinho você não conseguiu arrancar do coração?**

Roseiras não têm espinhos: a parte pontuda do
caule é um acúleo, estrutura superficial usada para
escalar e se defender. Espinhos verdadeiros
são profundos, como os do limoeiro.

20___.

20___.

20___.

20___.

20___.

# 6 julho

### Praia ou montanha?

Mais antiga área protegida do país, a Floresta da Tijuca quase foi extinta. Em 1862, D. Pedro II autorizou o reflorestamento da região, tornando-a a maior floresta artificial do mundo.

*20___.*

*20___.*

*20___.*

*20___.*

*20___.*

## julho

**7**

### Jogue grão-de-bico nos canteiros.

Um punhado de feijão ou grão-de-bico pode ser tudo o que você precisa para renovar um canteiro abandonado. Esses grãos incorporam nitrogênio ao solo até depois de colhidos.

20___. _____

20___. _____

20___. _____

20___. _____

20___. _____

# 8 julho

### Lençol, almofada, papel de parede... que flores estampam sua decoração?

Foi-se o tempo das estampas florais românticas, como rosa, peônia e lavanda. Ganham cada vez mais espaço nas lojas de móveis imagens de cactos, suculentas e costelas-de-adão.

20___.

20___.

20___.

20___.

20___.

## *julho* 9

**"O alimento mais saudável na minha geladeira agora é..."**

Alho, cebola e batata devem ser armazenados sem refrigeração: a umidade da geladeira diminui a durabilidade do alimento, atraindo fungos e estimulando o enraizamento.

20___. _____

20___. _____

20___. _____

20___. _____

20___. _____

# 10 julho

### Corte as ponteiras do tomateiro.

Para aumentar o tamanho dos frutos, sua doçura e suculência, corte os galhos mais altos do tomateiro e reduza pela metade o número de cachos com flor. Adube com farinha de ossos.

20___.

20___.

20___.

20___.

20___.

## julho 11

**Leve as crianças para um dia no parque.**

Aproveite as férias escolares e faça uma atividade
longe da TV, do video-game e dos celulares.
Vale caminhada, caça ao tesouro, andar
de bicicleta, ler um livro ao ar livre...

20___.

20___.

20___.

20___.

20___.

# 12 julho

**O que tem na sua floresta mágica?**

Cenário frequente em contos de fadas,
a floresta pode ser misteriosa ou uma aventura.
Muitas culturas acreditam que ali vivem criaturas
encantadas, que protegem a natureza.

20___.

20___.

20___.

20___.

20___.

*julho*     **13**

### Quantos litros de água você tomou hoje?

Reis da estiagem, cactos conseguem passar meses sob sol forte, açoitados pelo vento e sem uma gota de água graças a raízes e caules modificados, capazes de armazenar nutrientes.

*20___.*

*20___.*

*20___.*

*20___.*

*20___.*

# 14 julho

**Comece uma coleção de sementes.**

Pequenas ou grandes, em forma de ficha, caroço ou bolinha, coloridas, perfumadas, tóxicas, raras... Há sementes de muitos formatos, inclusive capazes de voar ou boiar na água.

20___. 

20___. 

20___. 

20___. 

20___.

## julho 15

### Sua vida está um mar de rosas ou vive cheia de pepinos?

Vai quase um "mar de rosas" na produção do óleo vegetal mais caro do mundo. Para extrair o equivalente a 1 colher de sobremesa são necessários 100 quilos de rosas damascenas.

20___.

20___.

20___.

20___.

20___.

# 16 *julho*

### Qual seu maior orgulho na jardinagem?

Montar um jardim vertical parece algo para profissionais, mas criar uma parede verde de um ou dois metros quadrados não exige mais que uma treliça, vasos, plantas e paciência.

*20___.*

*20___.*

*20___.*

*20___.*

*20___.*

## *julho* 17

### Se pudesse escolher só um, que verde mereceria sua proteção?

No Dia da Proteção às Florestas, adote uma árvore próxima de sua casa: fique responsável por adubá-la, colocar um tutor se estiver torta e oferecer água nos dias muitos secos.

20___.

20___.

20___.

20___.

20___.

# 18 ~julho~

**Motive seu lado jardineiro plantando girassóis.**

Consideradas plantas protetoras da casa, girassóis crescem depressa, adubam o solo, atraem borboletas e têm "pétalas" comestíveis. Deixe secar no pé para ver as sementes.

20___. _____

20___. _____

20___. _____

20___. _____

20___. _____

## julho 19

**Quem é seu melhor ajudante no trato com as plantas?**

Crianças e idosos podem sentir interesse pelo jardim
e ajudar em tarefas simples, como lembrá-lo
de adubar ou regar um vaso. Isso reúne a
família e transmite respeito ao verde.

20___.

20___.

20___.

20___.

20___.

# 20 julho

**Alguma planta já fez você passar mal? Qual?**

Ervas medicinais sempre devem ser consumidas
com a supervisão de um médico porque podem causar
efeitos colaterais. A origem natural não muda
o fato de serem remédios.

20___.

20___.

20___.

20___.

20___.

## julho 21

**Descreva como é um verdadeiro paraíso.**

Mesmo pequenas, áreas verdes transmitem paz.
Ao compor seu jardim dos sonhos, estimule
os sentidos com sons, cores, sabores,
perfumes e texturas diferentes.

20___.

20___.

20___.

20___.

20___.

# 22 julho

### Que passarinho você vê com frequência?

Mesmo nos centros urbanos é possível atrair pássaros para as janelas com água fresca, mamão e banana. Não se preocupe com as pombas, elas preferem migalhas e *fast food*...

20___.

20___.

20___.

20___.

20___.

## julho 23

**"A maior árvore que eu conheço fica em..."**

Tem altura equivalente a um prédio de 30 andares a maior árvore do mundo, uma sequoia americana com estimados 4 mil anos de vida. Seu exato paradeiro é mantido em segredo.

20___. 

20___. 

20___. 

20___. 

20___.

# 24 julho

**Use os talos do capim-limão.**

Muito consumido na Tailândia, o talo do capim-limão é fibroso para ser ingerido, mas perfuma a comida quando fervido em água. Use no arroz, em chás, sopas e refogados.

20___.

20___.

20___.

20___.

20___.

## *julho* 25

### O que está na safra?

Muitos produtores rurais participam de feiras de rua, cestas de orgânicos e outras formas mais sustentáveis de comércio, que priorizam o alimento da safra. Prefira comprar deles.

20___.

20___.

20___.

20___.

20___.

# 26 julho

### Renove o verniz dos móveis de áreas externas.

Use cera de abelha ou de carnaúba para impermeabilizar a madeira que fica sujeita às intempéries. Esse verniz natural é mais durável do que os sprays tóxicos convencionais.

20___.

20___.

20___.

20___.

20___.

## julho 27

### Quem ficaria feliz ao ganhar uma muda da sua coleção?

Algumas plantas são mais facilmente reproduzidas
por divisão de touceira do que por sementes.
É o caso das orquídeas, que podem produzir
muitas mudas em uma única planta.

20___.

20___.

20___.

20___.

20___.

# 28 julho

**O que falta para você começar uma horta?**

Folhas verde-escuras evitam infarto. Legumes vermelhos melhoram a pele. Raízes são ótimas para a fertilidade. Seja seu próprio médico e agricultor, plante sua comida!

20___.

20___.

20___.

20___.

20___.

## julho  29

**Deixe os bichos longe dos vasos.**

Use esta receita educativa para cães e gatos xeretas: pingue 10ml de óleo essencial de citronela em 500 gramas de vermiculita. Cubra a terra dos vasos com a mistura.

20___.

20___.

20___.

20___.

20___.

# 30 julho

**Recupere o gramado com flores.**

Elas vão bem onde a grama fica rala e dão um astral alegre e colorido para o jardim. Plante touceiras de íris, lírio, moreia, hemerocalis, flor-leopardo e cana-de-macaco.

20___.

20___.

20___.

20___.

20___.

## *julho* 31

### O que você faria se não precisasse trabalhar hoje?

Quando não estão "trabalhando" na produção de flores, frutos ou sementes, várias espécies entram em dormência para recuperar energias antes de gerar raízes e folhas novas.

20___.

20___.

20___.

20___.

20___.

# 1 agosto

**Quantos pássaros você conhece pelo nome?**

Neste mês, aves em todo o país saem em busca de "material de construção" para ninhos. Isso explica vasos revirados. Ofereça água fresca aos adoráveis "mestres de obras".

20___.

20___.

20___.

20___.

20___.

## agosto 2

**Escolha uma flor anual para semear nesta semana.**

De ciclo rápido, as plantas anuais duram no máximo seis meses, mas florescem em abundância para compensar. Tente pluma, álisso, tagetes, agerato, calêndula e zínia.

20___. _____

20___. _____

20___. _____

20___. _____

20___. _____

# 3 agosto

### Qual sua cor preferida?

Misturar cores cria jardins de impacto. Tons próximos, como amarelo e laranja, transmitem elegância. Combinar opostos, como verde e vermelho, passa modernidade.

20___.

20___.

20___.

20___.

20___.

## agosto 4

### Pinte os vasos com musgo natural.

Cubra as paredes de pedra com uma "pátina de musgo" pintando com iogurte natural, fermento biológico e esterco fresco misturados em partes iguais.
Fica verde em dois meses!

20___.

20___.

20___.

20___.

20___.

# 5 agosto

**Descreva seu corte de cabelo hoje.**

Se encontrar um chumaço de "cabelos" no meio da folhagem, cuidado! Ao leve raspão, a lagarta-cachorrinho libera uma toxina que causa dor e inchaço nas articulações.

20___.

20___.

20___.

20___.

20___.

## *agosto* 6

### Reaproveite as folhas do tomateiro.

Depois de produzir, o tomateiro começou a morrer? Pique folhas e caules em pedaços e use essa sobra para adubar o próximo tomateiro. Você vai ver como a muda crescerá mais forte.

20___.

20___.

20___.

20___.

20___.

# 7 agosto

### O que não tem mais conserto na sua vida?

Telhas e azulejos lascados podem ser transformados em cacos de drenagem. Filtro de barro quebrado vira vaso. Copos e xícaras trincados geram graciosos arranjos com suculentas.

20___.

20___.

20___.

20___.

20___.

## agosto

# 8

**Combata a sinusite com este chá.**

De asma a bronquite, a sálvia trata problemas alérgicos e respiratórios. Essa erva de fácil cultivo é tão potente que seca até o leite, não devendo ser usada por grávidas e lactantes.

20___.

20___.

20___.

20___.

20___.

# 9 agosto

**Que alimento natural seu filho rejeita?**

Incorpore secretamente purê de couve-flor nas
refeições — seu pequeno não notará. Estimule-o
a plantar para provar novos sabores. Colha folhas
novas, de gosto bem suave.

20___.

20___.

20___.

20___.

20___.

## agosto 10

### Qual a vista mais feia da sua casa?

Use trepadeiras, painéis verticais e vasos com arbustos para disfarçar ou esconder ângulos indesejados do quintal ou varanda. Biombos com bolsas plantadas também servem.

20___.

20___.

20___.

20___.

20___.

# 11 agosto

### Mude a cor das hortênsias.

Com flores sensíveis ao pH no solo, esse arbusto produz florada rosa se regado com água onde ficou de molho palha de aço enferrujada. Já flores azuis surgem ao adubar com cálcio.

20___.

20___.

20___.

20___.

20___.

## agosto 12

**Que planta traz boas lembranças do seu pai?**

Cuidados com bonsais, manejo de pomares e poda de áreas gramadas costumam ficar a cargo dos homens pelo uso de ferramentas pesadas como podão, motosserra e aparador.

20___.

20___.

20___.

20___.

20___.

# 13 agosto

**Salve uma folhagem murcha em 60 minutos.**

Coloque o vaso num balde cheio de água com umas gotas de detergente. O sabão diminui a tensão superficial da água, permitindo que ela penetre na terra esturricada mais depressa.

20___.

20___.

20___.

20___.

20___.

## agosto 14

### O que tem no seu canto verde que valeu o investimento?

Uma jabuticabeira bem formada produz quase o ano todo. Um vaso esmaltado nunca sai de moda. Ferramentas de poda conservadas limpas, afiadas e engraxadas são quase eternas.

O ___ .

O ___ .

O ___ .

O ___ .

O ___ .

# 15 agosto

**Você se sente inseguro(a) para fazer alguma tarefa de jardinagem?**

Mudar uma orquídea de vaso pode parecer difícil, mas é simples e fundamental para o crescimento da planta. Busque tutoriais no YouTube para ter segurança na operação.

20___. _____

20___. _____

20___. _____

20___. _____

20___. _____

## agosto 16

### Chegar em casa e encontrar flores teria melhorado seu dia?

Helicônia, alpínia e outras espécies tropicais duram até quinze dias em arranjos. Botões de rosa, camélia e lisiantus alegram cantos escuros da casa e ficam bonitos por 7 dias na água.

20___.

20___.

20___.

20___.

20___.

# 17 agosto

### Conserve ervas frescas no freezer.

Colha salsinha, coentro, salsão e cebolinha,
pique fino e coloque numa bandeja de gelo com azeite.
Deixe no freezer por até três meses. Use os cubos
aromáticos para cozinhar.

20___.

20___.

20___.

20___.

20___.

## agosto 18

### Qual foi a novidade de hoje?

Produtores de plantas sempre buscam novas variedades que se adaptem ao clima brasileiro, como a micro *Phalaenopsis*, a rosa arco-íris, a calla negra, os tomates amarelos...

20___.

20___.

20___.

20___.

20___.

# 19 agosto

### Fotografe três flores de inverno e tente descobrir seus nomes.

Acordados pela água do degelo, lírios, tulipas, jacinto, narcisos e outras bulbosas de inverno estão cheias de botões nesta época. Nenhuma volta a florir no Brasil, então, curta bastante.

20___.

20___.

20___.

20___.

20___.

# agosto 20

### Como você se aquece?

Nem todo chá se faz da mesma forma. Grãos, cascas
e ingredientes duros são aquecidos junto com a água.
Folhas moles devem entrar na infusão depois que
o fogo foi desligado.

20___.

20___.

20___.

20___.

20___.

# 21 agosto

### Um dia perfeito precisa ter...

Mais famoso parque urbano do Brasil, o Ibirapuera tem gramados para se exercitar, bancos à sombra, lago cheio de aves e peixes, árvores centenárias, vida silvestre, flores raras...

20___. 

20___. 

20___. 

20___. 

20___.

## agosto 22

**Fadas existem? E sacis?**

Botucatu (SP) tem fama de ser a Terra do Saci. Por lá, há quem jure já ter visto o capim amanhecer todo trançado pelas travessuras dessa figura mitológica e protetora da mata.

20___.

20___.

20___.

20___.

20___.

# 23 agosto

### O que causou irritação imediata hoje?

Pelos finos cobertos de silício fazem capins e gramíneas irritarem peles mais sensíveis. Passe o gel da babosa na área avermelhada e veja a irritação sumir quase por encanto.

20___.

20___.

20___.

20___.

20___.

## agosto 24

**Você tem adubo em casa? Qual?**

Fiscalize frascos de adubo para descartar os vencidos ou sem instruções no rótulo. Embalagens concentradas devem ser diluídas de uma vez. Nunca guarde adubo preparado.

20___. _____

20___. _____

20___. _____

20___. _____

20___. _____

# 25 agosto

### Quando foi a última vez que você comprou na feira de rua?

Com farta oferta de grãos, sementes, frutas, verduras, legumes e ervas medicinais, as feiras livres ganham fôlego num momento em que mais pessoas buscam alimentos frescos.

20____.

20____.

20____.

20____.

20____.

## agosto 26

**Faça o cheiro-verde durar mais.**

Coentro, salsinha e cebolinha se manterão frescos
se cortar a ponta dos cabinhos na diagonal.
Coloque em um copo com água, cubra
com saco plástico e guarde na geladeira.

20___.

20___.

20___.

20___.

20___.

# 27 agosto

### No que você é um talento?

Nem todas as plantas se destacam pelos mesmos atributos. Algumas são coloridas, outras, perfumadas, resistentes, atrativas para borboletas, filtros de poluentes do ar...

20___.

20___.

20___.

20___.

20___.

## *agosto* 28

### Qual a última pessoa que lhe fez uma visita?

Sabiás e bem-te-vis aparecem até em varandas de apartamentos. A presença de tatus, saguis, esquilos, guaxinins e pererecas revela um cultivo em harmonia com a natureza.

20___. _____

20___. _____

20___. _____

20___. _____

20___. _____

# 29 agosto

**Evite pragas sem colocar o jardim em risco.**

Não é só para nós que o cigarro faz mal: usada como
inseticida, a calda de fumo de rolo pode infectar
as plantas com vírus do mosaico do tabaco.
Substitua por óleo de neem.

20___.

20___.

20___.

20___.

20___.

## agosto  30

### Chá ou café melhoram seu dia?

Tanto a borra do filtro de papel quanto o café usado das cápsulas servem de adubo. Eles são uma forma natural de acrescentar pequenas quantidades de nitrogênio ao solo.

20___. 

20___. 

20___. 

20___. 

20___.

# 31 agosto

### Melhore o aspecto de um arbusto.

A maioria das plantas lenhosas reage bem a podas, especialmente se você remover galhos secos, doentes, malformados ou que fecham muito a copa. Faça isso num dia nublado.

20___. _____

20___. _____

20___. _____

20___. _____

20___. _____

## setembro    1

### Você conhece a Cidade das Flores?

Fundada por holandeses, Holambra (SP) produz sete de cada dez plantas vendidas no país. No mês de setembro, a cidade realiza a Expoflora, maior feira de flores da América Latina.

20___.

20___.

20___.

20___.

20___.

# 2 setembro

**Quem foi a última pessoa para quem você deu flores?**

Flor mais vendida no mundo, a rosa tem centenas de variedades, algumas com botões enormes, outras portando cem pétalas ou ainda de múltiplas flores, como na rosa "Spray".

20___. _____

20___. _____

20___. _____

20___. _____

20___. _____

## setembro 3

### Quanto é ter "plantas demais"?

Existem 900 espécies de *Ficus*, gênero que engloba desde a trepadeira unha-de-gato até a figueira. Orquídeas são um dos grupos mais numerosos de flores, com 35 mil espécies.

20___. 

20___. 

20___. 

20___. 

20___.

# 4 setembro

**Prepare uma armadilha contra tesourinhas.**

Enrole papelão ondulado na ponta de um palito
de churrasco e prenda ao meio com elástico.
Lacraias e tesourinhas entrarão ali para se esconder.
Descarte depois de uns dias.

20___. _____

20___. _____

20___. _____

20___. _____

20___. _____

# setembro  5

### A Amazônia faz parte da sua vida? Como?

Considerada o pulmão do mundo, essa floresta representa sozinha mais da metade das áreas verdes do planeta, abrigando uma em cada dez espécies de plantas conhecidas.

20___. _____

20___. _____

20___. _____

20___. _____

20___. _____

# 6 setembro

**Potencialize a adubação.**

Regue as plantas abundantemente um dia antes de aplicar adubos, sejam foliares ou radiculares. Isso facilita a rápida absorção dos nutrientes pelas folhas e raízes.

20___.

20___.

20___.

20___.

20___.

## setembro  7

### Você é dono(a) do seu nariz?

Plantas não buscam independência porque, juntas, têm benefícios. Arbustos protegem mudas, bromélias usam a umidade de árvores e leguminosas adubam todo o entorno.

20___. 

20___. 

20___. 

20___. 

20___.

# 8 setembro

**Qual foi seu peso mínimo na vida adulta?**

Deixe vasos e floreiras mais leves incluindo isopor picado no fundo. Também vale emborcar para baixo alguns vasos de plástico usados, criando um fundo falso em cachepôs profundos.

20___.

20___.

20___.

20___.

20___.

## setembro 9

### Doce, amargo, azedo ou salgado?

Muitas frutíferas usam a doçura para atrair
pássaros, morcegos e outros dispersores.
Enquanto a semente não está pronta, o fruto fica
azedo, um desestímulo aos apressados.

20___.

20___.

20___.

20___.

20___.

# 10 setembro

**Sente-se por 10 minutos embaixo de uma árvore.**

Mais fresca e úmida do que uma marquise de concreto, a sombra das árvores proporciona paz para a mente e estimulo aos sentidos, além de reforçar nosso sistema imunológico.

20___.

20___.

20___.

20___.

20___.

## setembro 11

### O que você tem que suportar?

Espécies nativas do Cerrado se acostumaram a crescer num solo sujeito a queimadas frequentes e onde há mais alumínio, um mineral tóxico para a maioria das plantas.

20___.

20___.

20___.

20___.

20___.

# 12 setembro

**Que canal no YouTube tem bons vídeos de jardinagem?**

Biólogos, agrônomos, paisagistas, engenheiros florestais e produtores rurais estão cada vez mais presentes nas redes sociais. Pesquise *tags* como "jardim" para encontrar boas dicas.

20___. _____

20___. _____

20___. _____

20___. _____

20___. _____

## setembro 13

**Visite uma casa agrícola.**

Nem só de ração de gado vive esse tipo de comércio: há uma farta variedade de adubos, sementes e ferramentas, além de agrônomos que podem auxiliar no trato de seu jardim.

20___.

20___.

20___.

20___.

20___.

# 14 setembro

### Qual cômodo da sua casa tem verde?

No parapeito da cozinha sempre cabe uma horta em vasos. Orquídeas vão bem em salas e suculentas, nos quartos. Antúrio adora banheiro e na lavanderia dá certo ter flor-de-maio.

20___.

20___.

20___.

20___.

20___.

## setembro 15

### Que tipo de alergia você tem?

A proximidade da primavera deixa pessoas mais suscetíveis a alergias respiratórias, especialmente ao pólen. Converse com seu médico em busca de um tratamento.

O ___ .

O ___ .

O ___ .

O ___ .

O ___ .

# 16 setembro

**"Hoje foi uma correria porque..."**

Andar não é para o reino vegetal, muito menos correr.
Mesmo assim, as plantas se movem: o girassol
acompanha o sol, a dorme-dorme se "encolhe"
e as suculentas buscam a luz.

20___.

20___.

20___.

20___.

20___.

## setembro 17

### Fungos e bactérias devem ser exterminados?

Só uma pequena parcela desses micro-organismos prejudica as plantas. A maioria ajuda no desenvolvimento radicular e no metabolismo vegetal.
Evite remédios "preventivos".

20___.

0___.

0___.

0___.

0___.

# 18 setembro

### Saia à rua e fotografe ninhos (de longe!).

Nesta época do ano, parques, praças e quintais estão cheios de pássaros com filhotes. Ajude os novos pais e mães a alimentar a ninhada oferecendo frutas e água fresca.

*20\_\_\_.*

*20\_\_\_.*

*20\_\_\_.*

*20\_\_\_.*

*20\_\_\_.*

## setembro 19

**Encontre uma folha com nervuras amarelas e guarde aqui.**

Sinal de deficiência de ferro, nervuras amareladas numa folha verde devem ser corrigidas com adubação rica em micronutrientes, como húmus ou Bokashi.

20___.

20___.

20___.

20___.

20___.

# 20 setembro

### Recolha vasos vazios ou com mato.

Esconderijo de lesmas, caracóis e cochonilhas, eles transmitem desleixo. Arrume seu canto verde retirando vasos sem uso, removendo o mato e guardando cachepôs quebrados.

20___.

20___.

20___.

20___.

20___.

## setembro 21

### Qual a árvore mais bonita do seu quarteirão?

Tanto ao plantar quanto para remover uma árvore na calçada, consulte a prefeitura. Espécies inadequadas ou remoções ilegais trazem problemas à fiação e ao encanamento.

O___.

O___.

O___.

O___.

O___.

# 22 setembro

### Como foi seu despertar hoje?

Depois de um período de pouca atividade,
a natureza desperta com a primavera: plantas, insetos
e outros animais se multiplicam sob a ação de
dias cada vez mais longos.

20___. _____

20___. _____

20___. _____

20___. _____

20___. _____

## setembro 23

### Clássico, moderno ou oriental, que tipo de paisagismo faz sua cabeça?

Mesmo numa sala é possível incluir elementos paisagísticos de personalidade, como um arbusto topiado, folhagens minimalistas ou uma fonte de água com inspiração árabe.

20___.

20___.

20___.

20___.

20___.

# 24 setembro

**Faça uma irrigação eficiente.**
Mire a água sempre na terra, nunca nas folhas.
Ao regar, cante mentalmente um "Parabéns pra você"
a cada metro de canteiro para calcular quanto
tempo deixar a mangueira ligada.

20___.

20___.

20___.

20___.

20___.

# setembro 25

### "Neste mês brotou..."

Anotar a germinação e a floração das suas plantas ajuda a antecipar problemas ou prever em quanto tempo será preciso adubar de novo, fazer um transplante ou começar a colheita.

20___.

20___.

20___.

20___.

20___.

# 26 setembro

### Liste os itens mais bacanas de um jardim.

Talvez você não tenha espaço para um gramado onde se espreguiçar, mas possa plantar flores perfumadas, começar uma horta ou ter bonsais mesmo vivendo em apartamento.

20___.

20___.

20___.

20___.

20___.

## setembro 27

**A que vale a pena se dedicar na aposentadoria?**

Torne a jardinagem mais acessível aos idosos elevando os canteiros de hortaliças e cobrindo o solo com uma camada grossa de palhas, que evitam ter de capinar.

20___.

20___.

20___.

20___.

20___.

# 28 setembro

**Peça uma estaca na vizinhança.**

Ponha na água para enraizar galhos bem formados de rosa, azaleia, alecrim, lavanda, hibisco, primavera e tumbérgia-arbustiva. Coloque na terra úmida quando enraizar bem.

20___.

20___.

20___.

20___.

20___.

## setembro 29

### Que flores tem para vender no supermercado?

Redes de hipermercados oferecem plantas ornamentais
a preços muito convidativos. Alguns vendem
com desconto orquídeas e bromélias
que perderam as flores.

20___.

20___.

20___.

20___.

20___.

# 30 setembro

### Tem planta na sua mesa de trabalho? Qual?

Chamada de "orquídea da secretária" pela presença constante nos escritórios, a *Phalaenopsis* se tornou a flor mais popular do Brasil. Ela é durável e fácil de cuidar.

20___.

20___.

20___.

20___.

20___.

## outubro 1

### Coloque uma batata-doce para enraizar.

No supermercado, compre uma batata-doce orgânica bem bonita. Coloque num copo com água, entalada na boca, como fez com o abacate. Deixe em local com bastante luz natural.

20___.

20___.

20___.

20___.

20___.

# 2 outubro

### "Fico doente toda vez que..."

Pintas, manchas circulares, folhas marrons e aquosas,
flores com pontos pretos ou um pó alaranjado...
Ao encontrar planta doente, isole o vaso
e borrife chá de cavalinha.

20___.

20___.

20___.

20___.

20___.

## outubro 3

### Plante para as abelhas nativas.

Há centenas de espécies brasileiras sem ferrão, como jataí, mandaçaia e mirim-preguiça. Espaço não é problema para alimentá-las: elas amam coentro, que cabe em qualquer canto.

20___.

20___.

20___.

20___.

20___.

# 4 outubro

### O que suas plantas diriam de você?

Elas não dão bom dia, mas são capazes de "dizer" muitas coisas. Duvida? Orquídea de folhas bonitas e muito verdes que não dá flor há anos está pedindo sol fraco da manhã.

20___.

20___.

20___.

20___.

20___.

## outubro  5

### Instale uma banheira para os passarinhos.

Com os dias cada vez mais quentes, os pássaros
buscam não só comida mas também água para beber
e se banhar. Deixe uma bacia de barro com
água perto de onde eles comem.

20___.

20___.

20___.

20___.

20___.

# 6 outubro

### Quantos nutrientes você conhece?

Mn, B, Fe, Mo, Z e Co são algumas das siglas de nutrientes
que as plantas precisam em menor quantidade.
Dê uma checada no rótulo dos adubos para
escolher o mais completo.

20___.

20___.

20___.

20___.

20___.

# outubro 7

### Dê espaço para as suculentas.

Tanto a flor-de-maio quanto as mudas de suculentas já podem ganhar casa nova. Use areia, húmus de minhoca e substrato para mudas em partes iguais ao fazer o transplante.

20___. _____

20___. _____

20___. _____

20___. _____

20___. _____

# 8 outubro

### Quem salvou seu dia hoje?

Salve sua orquídea doente com a UTI: corte uma garrafa
PET ao meio, coloque a planta com as raízes envoltas
em musgo esfagno úmido, feche e deixe na luz,
sem abrir, por seis meses.

20___.

20___.

20___.

20___.

20___.

## outubro 9

### Garanta as próximas flores.

Seu girassol já tem botões? As flores semeadas em agosto estão saudáveis? Não espere as plantas anuais morrerem para começar a próxima leva, semeie aos pés das atuais.

*20___.* _____

*20___.* _____

*20___.* _____

*20___.* _____

*20___.* _____

# 10 outubro

### Onde você estará daqui a cinco anos?

Amoreira, pitangueira e aceroleira são algumas
das frutíferas que chegam mais depressa à maturidade.
Se plantadas de sementes e mantidas no sol forte,
em cinco anos frutificarão.

*20___.* _____

*20___.* _____

*20___.* _____

*20___.* _____

*20___.* _____

## outubro 11

**Faça um gotejador para irrigar
seus vasos durante viagens.**

Corte um cotonete ao meio, faça um furo na tampa de
uma garrafa PET e encaixe nela a haste do cotonete.
Encha a garrafa de água, tampe, fure a base
e emborque no vaso.

20___.

20___.

20___.

20___.

20___.

# 12 outubro

### De qual brinquedo você sente saudades?

Uma praça ou um quintal podem ser um parque de diversões para as crianças. Dê uma lupa de presente para seu pequeno e veja-o explorar detalhes como pedras, folhas e insetos.

*20___.*

*20___.*

*20___.*

*20___.*

*20___.*

## outubro 13

**Liste os cinco aplicativos que você mais usa no celular.**

Apps que ajudam na identificação de espécies são
uma mão na roda para saber melhor o que plantar
na sua cidade ou região. Pesquise por "jardim"
na loja virtual do seu celular.

20___. _____

20___. _____

20___. _____

20___. _____

20___. _____

## 14 outubro

**Qual fruta faz tempo que você não come?**

A Organização Mundial da Saúde recomenda a ingestão de 800 gramas diários de grãos, frutas, verduras e legumes por pessoa, de preferência orgânicos e no auge da safra.

20___. _____

20___. _____

20___. _____

20___. _____

20___. _____

## outubro 15

**Você chorou recentemente? Por quê?**

Muitas plantas liberam pequenas gotas quando transpiram, como é o caso do fícus-triangular. Já as orquídeas soltam um líquido açucarado durante a formação dos botões.

20___. _____

20___. _____

20___. _____

20___. _____

20___. _____

# 16 outubro

**Faça o "cabelo" da planta crescer.**

As estacas feitas no mês passado já têm uma cabeleira de raízes, mas podem se desenvolver mais se forem adubadas com boro — o mesmo serve para hortas e orquídeas.

20___.

20___.

20___.

20___.

20___.

## outubro 17

**O que dura muito pouco?**

Hemerocalis, onze-horas e flor-do-guarujá são algumas das flores que duram só um dia. Em 24 horas, os botões secam e caem, obrigando a planta a produzir novas flores diariamente.

O \_\_\_.

O \_\_\_.

O \_\_\_.

O \_\_\_.

O \_\_\_.

# 18 outubro

**Cultive a batata-doce em gelatina para plantas.**

Material que estufa na água, o hidroplan mantém a planta regada sem encharcar. Está aí um bom jeito de manter a batata-doce colocada para germinar. Compre em garden centers.

20___.

20___.

20___.

20___.

20___.

## outubro 19

### Quem ou o que tem estimulado você a cuidar das plantas?

Muitas pessoas aprenderam com pais e avós a amar a natureza. Outras, sentiram essa vontade depois de ter filhos, se aposentar ou mudar para uma casa com mais espaço.

O ___ . _____

O ___ . _____

O ___ . _____

O ___ . _____

O ___ . _____

# 20 outubro

### Escolha um verde protetor para sua casa.

Filodendro, lírio-da-paz e espada-de-são-jorge são algumas das espécies que filtram poluentes, segundo a NASA. Folhagens grandes, finas e de sombra também melhoram o ar.

20___.

20___.

20___.

20___.

20___.

## outubro 21

### Você tem vasos suspensos?

Plantas presas em suportes de teto ou parede ressecam depressa e geram respingos. Deixe embaixo um grupo de vasos para recolher o excedente da água e criar mais umidade no ar.

20___. _____

20___. _____

20___. _____

20___. _____

20___. _____

## 22 outubro

**"Minha cura para uma grande decepção é..."**

Babosa, própolis e canela não cicatrizam corações
partidos, mas são um bálsamo para muitos machucados.
Juntos, estimulam um fechamento mais rápido
de cortes e ferimentos leves.

20___. _____

20___. _____

20___. _____

20___. _____

20___. _____

## outubro 23

**Qual a planta mais estranha que você já provou?**

Comum na culinária do Norte, o jambu (*Acmella oleracea*)
tem folhas e flores levemente anestésicas.
Já a fruta-do-milagre (*Sideroxylon dulcificum*)
torna doces os alimentos ácidos.

O___.

O___.

O___.

O___.

O___.

# 24 outubro

### Mexer nas plantas me deixa...

Muitas pessoas encontram na jardinagem uma terapia,
uma forma de combater a tristeza, renovar os
laços familiares e fortalecer a autoestima
e a sensação de pertencimento.

20___.

20___.

20___.

20___.

20___.

## outubro  25

**Qual o mais belo pôr do sol que você já viu?**

De dia, plantas absorvem gás carbônico e eliminam oxigênio. À noite, respiram como nós, aspirando oxigênio e liberando $CO_2$. Tê-las no quarto não asfixia ninguém durante o sono!

20___.

20___.

20___.

20___.

20___.

# 26 outubro

### Investigue o verso das folhas.

Você se surpreenderá com a quantidade de teias, grumos brancos, verrugas marrons e outros sinais visíveis apenas no avesso da folhagem. Praga não é boba, se esconde.

*20___.*

*20___.*

*20___.*

*20___.*

*20___.*

## outubro 27

**Você conhece alguma palmeira pelo nome?**

Açaí, areca, fênix, coqueiro, jerivá, carnaúba, tamareira e rabo-de-raposa são os nomes de algumas das palmeiras mais frequentes na arborização e no paisagismo brasileiro.

20___.

20___.

20___.

20___.

20___.

# 28 outubro

### Fotografe uma planta de folhas vermelhas.

Algumas espécies não têm flores chamativas, mas folhagem de um intenso colorido, como a begônia-rex "Beleaf Inca Flame", cujas folhas parecem cobertas por purpurina vermelha.

20___.

20___.

20___.

20___.

20___.

## outubro 29

### Seu escritor preferido gosta de plantas?

Antônio Cândido, Guimarães Rosa, Rubem Alves
e Jorge Amado são alguns dos autores brasileiros
fãs de natureza. Para muitos escritores,
as plantas trazem inspiração.

20___.

20___.

20___.

20___.

20___.

# 30 outubro

### Qual o cômodo mais quente da sua casa?

Quanto mais plantas, maior o frescor e menor a sensação térmica num ambiente. Em vez de ligar o ar-condicionado, inclua no cômodo espécies de folhas largas ou copa abundante.

20___.

20___.

20___.

20___.

20___.

## outubro 31

### Do que você tem medo?

Lagartas raramente viram praga onde há pássaros.
Ventos derrubam galhos, mas plantas saudáveis
fazem novas ramas. Até hastes quebradas
ressurgem em orquídeas adubadas.

20___.

20___.

20___.

20___.

20___.

# 1 novembro

**Fotografe a primeira flor azul que encontrar e descubra seu nome.**

Seja entre animais ou vegetais, o azul é uma cor rara na natureza. Curiosamente, a flor do índigo, uma planta rasteira e pequenina que dá a cor azulada do jeans, é... cor-de-rosa!

20___.

20___.

20___.

20___.

20___.

# novembro

## 2

### Quem já se foi e faz muita falta?

Perder uma planta querida pode trazer tristeza
e desânimo, mas, se conseguir descobrir o que deu errado,
você estará mais experiente na próxima tentativa.
Se dê mais uma chance!

20___.

20___.

20___.

20___.

20___.

# 3 novembro

**Faça uma mangueira de irrigação por gotejamento.**
Com a ajuda de uma agulha grossa, faça furos ao longo de um esguicho longo o bastante para alcançar todo o canteiro. Lacre uma ponta, coloque a outra na torneira e abra a água.

20___.

20___.

20___.

20___.

20___.

## novembro 4

### De qual signo é seu melhor amigo?

Segundo a agricultura biodinâmica, ao passarem pelo zodíaco, os astros interferem de forma especial na natureza. Lua em leão e áries, por exemplo, fortalece frutos e sementes.

20___.

20___.

20___.

20___.

20___.

# 5 novembro

### Varie os plantios na horta.

Além de aproveitar o que está na safra a cada estação, variar as espécies plantadas na horta controla pragas e doenças. Colheu verdura? Semeie grãos, legumes ou raízes na sequência.

20___.

20___.

20___.

20___.

20___.

## *novembro* 6

### De que rotina você quer fugir?

Plantas não são presas à rotina como os animais, mas procure trabalhar no jardim nas horas de sol mais fraco — de manhã cedo ou à tardinha — para não desidratar folhas e raízes.

*20___.* _____

*20___.* _____

*20___.* _____

*20___.* _____

*20___.* _____

# 7 novembro

### Quem vive pedindo seu colo?

Dê estrutura para as ramas da batata-doce
se enroscarem colocando uma treliça no vaso.
Também vale deixar a planta perto de uma grade
ou com arcos de arame para escalar.

20___.

20___.

20___.

20___.

20___.

# novembro

## 8

**"Se essa rua fosse minha, eu mandava..."**

Árvores altas e com copa densa não só criam sombra e aumentam a umidade do ar. Além de absorver poluentes em suspensão, elas também diminuem o barulho da rua.

20___.

20___.

20___.

20___.

20___.

# 9 novembro

### O que andam dizendo sobre você?

Quando você começa a plantar, surgem mil conselhos.
Plantas são seres adaptáveis e muitas vezes
surpreendem ao crescer em condições adversas.
Acredite mais na sua intuição.

20___.

20___.

20___.

20___.

20___.

## novembro 10

**Você já viu alguma flor listrada ou xadrez?**

A fritilária parece montagem do Photoshop: semelhante a uma tulipa, essa flor tem um raro padrão quadriculado nas pétalas. Listras são mais comuns, como as que surgem na petúnia.

20___.

20___.

20___.

20___.

20___.

# 11 novembro

### Anote aqui três coisas ou pessoas que roubam a sua energia.

Manter muitas plantas num mesmo vaso faz as raízes competirem por nutrientes, prejudicando todas. Ao semear, respeite as distâncias mínimas expostas na embalagem.

20___.

20___.

20___.

20___.

20___.

# novembro 12

### Você tem sede de quê?

As plantas nativas do Pantanal precisam ser valentes: de maio a setembro, vivem sem uma gota de água e, a partir de outubro, crescem em campos completamente alagados.

20___.

20___.

20___.

20___.

20___.

# 13 novembro

### Cheque os cachepôs de orquídeas.

Maiores vítimas da "piscina" que se forma no fundo de bases sem furos, as orquídeas demoram a dar sinais de problemas. Se puder, substitua cachepôs por vasos furados.

20___.

20___.

20___.

20___.

20___.

# novembro 14

### O que te enche de esperança?

Primas de grilos e gafanhotos, esperanças são insetos verdes e alados que comem a folha das plantas. Capriche na adubação com cálcio e silício para evitar que elas causem estragos.

20___.

20___.

20___.

20___.

20___.

# 15 novembro

### Qual foi a melhor notícia do dia?
Se venta muito na varanda ou no quintal, use palmeiras ou arbustos resistentes como quebra-vento. Eles farão a proteção ideal para espécies delicadas como hortaliças.

20___. _____

20___. _____

20___. _____

20___. _____

20___. _____

## novembro 16

**Proteja os arbustos das cortadeiras.**

Formigas têm dificuldade de escalar árvores e arbustos envoltos em fiapos de lã ou chumaços de algodão bem fofo. Use essa barreira para proteger espécies recém-plantadas.

20___.

20___.

20___.

20___.

20___.

# 17 novembro

**Manhã, tarde ou noite, quando você funciona melhor?**

A maioria das espécies precisa de dias longos e
noites curtas para florescer, mas existem algumas
plantas que apreciam menos horas de luz,
como é o caso do café e do morango.

20___.

20___.

20___.

20___.

20___.

# novembro 18

**"Minha comida preferida é..."**

Evite que os pássaros comam todas as frutas envolvendo-as em tiras de meia-calça de seda. O fio fino permite a passagem de luz, mas dificulta que os comilões biquem a polpa doce.

___.

___.

___.

___.

___.

# 19 novembro

### Comece uma coleção de suculentas.

Pequenas, resistentes e fáceis de reproduzir, plantas de folhas gordinhas precisam de pelo menos 4 horas de sol para se manterem bonitas. Acrescente areia ao vaso ao transplantar.

20___.

20___.

20___.

20___.

20___.

# novembro 20

**Que herança você gostaria de deixar à humanidade?**

Ser capaz de cultivar o próprio alimento gera autonomia.
Se você não tem espaço para uma horta em casa,
que tal juntar os vizinhos e plantar num
terreno baldio perto da sua rua?

O___.

O___.

O___.

O___.

O___.

# 21 novembro

### Você precisa de paciência em doses homeopáticas ou cavalares?

Cresce o número de produtores rurais que lançam mão da acupuntura para ter maiores colheitas. A técnica ajuda no controle de pragas e doenças em árvores, flores e folhagens.

20___.

20___.

20___.

20___.

20___.

## novembro 22

**Borrife suas folhagens delicadas com água fresca.**

Use um pulverizador para aumentar a umidade do ar no entorno das folhagens delicadas nos dias mais secos e quentes. Esse cuidado ajuda a refrescar, mas não substitui as regas.

20___.

20___.

20___.

20___.

20___.

# 23 novembro

**Com o que você trabalharia se tivesse outra vida?**

Nunca se deu tanto valor às profissões ligadas ao verde como hoje. Há um vasto mercado a explorar, desde decoração de festas até aluguel de flores ou consultoria paisagística.

20___.

20___.

20___.

20___.

20___.

# novembro 24

### Irrigue o abacaxi em abundância.

Lembra da coroa plantada no início do ano? A esta altura,
seu abacaxizeiro estará quase florindo. Ponha
ferros enferrujados no regador por uns dias
e regue o pé com essa água.

O ___ . 

O ___ . 

O ___ . 

O ___ . 

O ___ .

# 25 novembro

**Você está mais para sangue-frio ou sangue de barata?**

Rica em nitrogênio, a farinha de sangue é um adubo orgânico feito com sobras de carne desidratadas e trituradas. Ela deixa o pH mais ácido, bom para azaleias, camélias e avencas.

20___.

20___.

20___.

20___.

20___.

## novembro 26

**Passe óleo mineral nas folhas largas.**

Com um pano macio, besunte com uma fina camada
de óleo as folhas de jiboia, calateia, filodendro,
ciclântus, aspidistra e aglaonema. Isso melhora
o brilho e evita cochonilhas.

20___.

20___.

20___.

20___.

20___.

# 27 novembro

**"Já está mais do que na hora de..."**

A maioria das hortaliças têm ciclo curto de vida e estará pronta de dois a quatro meses depois de semeada. Não adie a colheita: as folhas ficam pequenas e com gosto ruim.

20___.

20___.

20___.

20___.

20___.

## novembro 28

**Retire as flores secas.**

Rosa, azaleia e camélia ganham vigor se as flores forem podadas tão logo comecem a secar.
Isso poupa nutrientes e faz a planta reagir, produzindo novas brotações e mais flores.

20___.

20___.

20___.

20___.

20___.

# 29 novembro

**Como está seu sono ultimamente?**

Macela, lavanda, erva-doce e camomila têm ação
calmante e ajudam a relaxar. Todas essas flores vão bem
em vasos desde que recebam muito sol e que
a água não empoce nas raízes.

20___.

20___.

20___.

20___.

20___.

# novembro 30

### Sem o quê você não vive?

Conhecidas no exterior por *air plants*, tilândsias
são pequenas bromélias que vivem em galhos
de árvores e fios elétricos, crescendo
exclusivamente com a umidade do ar.

20___.

20___.

20___.

20___.

20___.

# 1 dezembro

**Monte terrários para presentear.**

Feitos em vidros fechados, esses ecossistemas são perfeitos para quem não tem tempo de cuidar das plantas. Use espécies pequenas, de crescimento lento, fãs de sombra e umidade.

20___.

20___.

20___.

20___.

20___.

## *dezembro* 2

### A Lua está mais perto ou mais longe da Terra hoje?

Ao longo do ciclo de 28 dias, nosso satélite natural
pode se afastar ou se aproximar da Terra.
Quando está perto, no perigeu, é maior a influência
da Lua na seiva das plantas.

20___.

20___.

20___.

20___.

20___.

# 3 dezembro

**Busque nutrientes em fontes incomuns.**

Quando seu cão ou gato bebe água, deixa nutritivos resíduos de ração na tigela. Assim como essa água, a da demolha do feijão ou da limpeza de verduras também é boa para as plantas.

20___.

20___.

20___.

20___.

20___.

## dezembro 4

### Quantas flores você já comeu?

Além da rosa e da couve-flor, são comestíveis as flores
de alho, vagem, brócolis, pepino, tagetes, abóbora...
Se nunca provou, coma com moderação e
de cultivo orgânico.

20___.

20___.

20___.

20___.

20___.

# 5 dezembro

**"Hoje eu disse 'não' para..."**

Se você tem cachorro, crie barreiras físicas para
limitar o acesso a plantas mais delicadas. Cactos,
agaves ou plantas de cheiro forte como boldo
e arruda fazem uma ótima barreira.

20___.

20___.

20___.

20___.

20___.

## dezembro 6

**Como você se prepara para o Natal?**

Ao comprar pinheirinho, segure o tronco perto da terra e puxe: se o galho sair sem raiz, não leve. Deixe o vaso perto de uma janela ensolarada, adube todo mês e regue semanalmente.

20___.

20___.

20___.

20___.

20___.

# 7 dezembro

**"A gíria da moda é..."**

Muitos modismos mostrados nas redes sociais não fazem sentido na jardinagem. Bambu-mossô dentro de casa só funciona na foto; na vida real, ele precisa de sol forte o dia todo.

20___.

20___.

20___.

20___.

20___.

## dezembro 8

### O que seu cantinho verde tem que mais nenhum tem?

Vasos de concreto, suportes de ferro fundido,
correntes de macramê e outros acessórios ajudam
a personalizar o jardim — mesmo que ele seja
composto por uns vasinhos na sala.

20___.

20___.

20___.

20___.

20___.

# 9 dezembro

**"Descobri que consigo viver sem..."**

Plantas podem perfeitamente crescer sem cuidados extras desde que plantadas no chão, em solo fértil e onde possam tomar sol e chuva. Prefira uma espécie nativa e já adulta.

20___.

20___.

20___.

20___.

20___.

*dezembro* **10**

### O que dá gosto estudar?

A jardinagem faz continuamente um convite
à curiosidade. Você talvez queira entender melhor
os tipos de nutrientes, por que os insetos surgem,
a história do paisagismo...

*20___.*

*20___.*

*20___.*

*20___.*

*20___.*

# 11  *dezembro*

### Liste suas 3 manias mais esquisitas.

Pode parecer estranho, mas plantas carnívoras não devem receber muito adubo. Típicas de solo alagadiço e muito pobre em nutrientes, elas evoluíram para "caçar" a própria comida.

20___.

20___.

20___.

20___.

20___.

## dezembro 12

### Quem é um refresco para os olhos?

Jardins com grandes áreas cimentadas podem se tornar especialmente abafados no verão. Refresque o ambiente molhando o chão com a água do enxague da máquina de lavar.

20___.

20___.

20___.

20___.

20___.

# 13 dezembro

**Acelere o amadurecimento de frutas e legumes.**

O etileno produzido pelas plantas faz flores, frutas e legumes amadurecerem. Coloque alimentos verdes num saco fechado com um tomate maduro para acelerar o processo.

20___.

20___.

20___.

20___.

20___.

## dezembro 14

### Que nota floral tem no seu perfume preferido?

Flores, frutas e madeiras são a base de muitas
fragrâncias famosas. No Chanel nº 5, por exemplo,
o jasmim e o lírio-do-vale são notas marcantes,
mas há também limão e musgo.

20___.

20___.

20___.

20___.

20___.

# 15 dezembro

### Você já despertou a jardinagem em alguém? Que estratégia usou?

Compartilhar um segredinho de rega, doar uma muda da sua coleção ou presentear com frutos que você colheu são algumas das formas de fazer brotar outros jardineiros por aí.

20___.

20___.

20___.

20___.

20___.

## dezembro  16

### "É melhor ficar longe de..."

Pimentas suaves não devem ser plantadas perto das ardidas. As de sabor picante são dominantes e, com a polinização, tornam "brabas" até as pacatas pimentas-biquinho.

20___.

20___.

20___.

20___.

20___.

# 17 dezembro

### Gramado ou relvado?

Ter uma grama impecável, "padrão FIFA",
exige manutenção mensal. Torne sua área verde mais
sustentável semeando vários tipos de gramíneas
— é mais econômico e natural.

20___.

20___.

20___.

20___.

20___.

## dezembro 18

**Deixe as traças longe de suas roupas e livros.**

Malva, arruda e cravo-da-índia repelem insetos e perfumam gavetas. Colha algumas folhas e sementes e embrulhe em sachês de qualquer tecido natural, fechando com um barbante.

20___. _____

20___. _____

20___. _____

20___. _____

20___. _____

# 19 dezembro

**Quando você se sentiu leve como uma borboleta?**

Num jardim saudável, ataque de lagartas não causa grandes danos: pássaros, vespas e fungos ajudam a controlar esses insetos. Aceite as lagartas para garantir as borboletas.

20___.

20___.

20___.

20___.

20___.

## dezembro 20

**Fotografe 3 plantas com folhas acinzentadas.**

Cinerária, embaúba-prateada, rosa-de-pedra, orelha-de-lebre... é grande a lista de espécies de folhas claras. Esse recurso reflete o sol e evita que a planta superaqueça no verão.

0___. 

0___. 

0___. 

0___. 

0___.

# 21 dezembro

### Como está seu bronzeado?

As folhas têm mecanismos fotossensíveis que
detectam variações na exposição solar. O kalanchoe,
por exemplo, precisa de uns meses de sol forte
e outros de sombra para florir.

20___.

20___.

20___.

20___.

20___.

## dezembro 22

**Qual parte do seu corpo você mais gosta?**

Muitas plantas se reproduzem a partir de partes de raiz, caule ou folhas. É assim com begônias e violetas-africanas, por exemplo, cujas mudas surgem de pedaços da folha.

20___.

20___.

20___.

20___.

20___.

# 23 dezembro

### A grama do vizinho é sempre mais verde?

Áreas sombreadas ou compactadas geram falhas no gramado. Eleja a espécie de acordo com a incidência de sol e o tempo dispendido: há gramas que precisam de 14 podas ao ano.

20___.

20___.

20___.

20___.

20___.

# dezembro 24

**"Neste ano, eu perdoei..."**

Mesmo quem diz ter "dedo verde" já matou plantas até descobrir as que vão melhor num determinado lugar da casa. Eleja espécies que crescem sem demandar tantos cuidados.

O ___ .

O ___ .

O ___ .

O ___ .

O ___ .

# 25 dezembro

### Que presente é inesquecível até hoje?

Um dos presentes oferecidos a Jesus pelos
Reis Magos, a mirra (*Commiphora myrrha*) vem da
África, onde sua casca tem uso medicinal contra
feridas, rachaduras e alergias de pele.

*20___.*

*20___.*

*20___.*

*20___.*

*20___.*

# dezembro 26

**"Eu queria ter feito _____ diferente."**

Compare o cultivo de uma mesma espécie plantando
duas mudas em lugares diferentes. Depois de
algumas semanas, avalie qual cresceu mais
e eleja o melhor canto para elas.

O___.

O___.

O___.

O___.

O___.

# 27 dezembro

**Que amizade do passado você gostaria de retomar?**

Há muitos grupos de trocas de mudas e sementes nas redes sociais: muitos organizam feiras abertas ao público, oportunidades perfeitas para conhecer plantas e buscar informação.

20___.

20___.

20___.

20___.

20___.

## dezembro 28

**Fabrique seu próprio adubo.**

Experimente começar uma composteira em casa para adubar suas plantas. Esse é o melhor método para dar um destino nobre às sobras de frutas, verduras e legumes da sua casa.

20___.

20___.

20___.

20___.

20___.

# 29 dezembro

### De qual marca é a sua terra?

Há muitos tipos de substrato, dos mais leves e peneirados aos turfosos ou com casca de pínus e chips de coco. Varie as marcas até encontrar a que as plantas gostam mais.

20___.

20___.

20___.

20___.

20___.

## *dezembro* 30

### Que planta faria você ir longe?

Projetado para flutuar, o coco é levado pelas ondas
para longe até encalhar na praia. A água doce e
nutritiva alimenta o broto até que o sol forte
e as raízes consigam rachar a casca.

20___.

20___.

20___.

20___.

20___.

# 31 dezembro

**Sua família tem algum ritual de passagem de ano?**
Comer lentilhas ou guardar sementes de uva ou
romã na carteira são superstições bem comuns.
Aproveite e reserve alguns grãos para plantar
e começar um ano ainda mais verde!

20___.

20___.

20___.

20___.

20___.